JN092540

ホツマを伝える神社 本殿の建造様式

小島敬和

東京図書出版

皆　様

　『ホツマを伝える神社　本殿の建造様式』を謹んで上梓致します。ホツマツタヱを私的に解釈する参考に神社を巡り拝観しました。その集大成がこの本です。本来は「ホツマツタヱの私的解釈」を先、または同時に発行するべきなのに、丁度ムーアの『物理化学』の「問題の回答集」を先に読むようなもので、読みにくいことは重々承知していますが、お目を通して下されば幸いです。後期高齢者の仲間入りで、気が弱くなっています。「出来た物から出す」という次第です。「ホツマツタヱの私的解釈」は完成次第上梓致します。

　皆様のご健勝を心よりお祈りします。

小 島 敬 和

気が付けば
　　薄雪草の　花畑

至仏山　高天ヶ原

ホツマを伝える神社　本殿の建造様式
ハイライツ・ベスト10

1. 皇大神宮は日本書紀では倭姫の創建ですが、ホツマツタヱではアマテル（天照大神）が創建したウヂ宮です。ヤマト姫がリニューアルしたことになっています。

2. 豊受大神宮はニニキネ（アマテルの孫）が創建したニハリ宮です。

3. 瀧原宮はタキ・ハラ（多気・原）の宮で、ヒタカミの地にあります。ここはトヨケ（豊受）の居宮でアマテルの生誕の地であり、國を治めた地でもあります。

4. 伊雑宮はアマテルがヒタカミから遷した宮で、アマテルとセオリツ姫の間にオシホミミ（忍穂耳）が生まれた地でもあります。

5. イサナキと日前神宮にいた長女ヒルコ姫との間の子ソサノオは暴れ者で、熊野で育てられます。イサナミとヒルコに助けられ熊野本宮大社で善政を行った後、八雲に派遣され熊野大社に祭られます。

6. ヒルコ姫は野洲川（ヤスカワ）のほとり御上神社でオシホミミを育てます。御上神社の祭神、天御影はオシホミミです。記紀で、「天安河」はアマテルが岩戸に隠れた時、神々が相談した場所です。

7. アマテルの孫クシタマホノアカリ（櫛玉火明）はヒタカミを出て、船で、熊野、浪速、淀川、鴨川を進み、鴨（川合）の地に着きます。鴨から真南に、斑鳩（矢田坐久志玉比古神社）、笠縫（鏡作神社）、飛鳥（櫛玉命神社）へと騎馬隊を率いて、大和盆地を平定します。

8. 上賀茂神社の祭神ワケイカヅチ（別雷）は、タマヨリ（玉依）姫と加茂川の上流から流れてきた丹塗矢との間の子供であり、丹塗矢は火雷神であると社伝（賀茂神話）は伝えますが、詳しくは分かりません。ホツマツタヱで、ワケイカツチ（別厳土）は天孫ニニキネのことで、固い土を割って開墾した天君の讃え名です。

9. ソサノオはヒカワ神ですが、出雲伝説のヒカワを斐伊川とする説は

領けません。ヒカワは意宇川で、その沿岸八雲の地でソサノオとイナダ姫が、熊野大社をはじめとし、祭られています。

10. 宗像大社の創建はイサナキで、祭神はソコ（底）とナカ（中）とカミ（上）ワタツミ（海神）ですが、現在はアマテルとハヤコの間の三人の娘、タケコ、タキコ、タナコが祭られています。ホツマツタヱでは、タケコは沖の島から出雲のクシキネ（イナダ姫とソサノオの子）の元へ、そしてクシヒコを産みます。クシヒコはモノヌシとして、出雲の統治を補佐します。クシキネは古事記で活躍する大国主です。タキコは相模江ノ島に祭られます。タナコは宇佐で、ハヤコと住み、ウサツヒコ、イヨツヒコ、トサツヒコを産みます。

　以上はホツマツタヱに基づいた私的解釈です。本文で、根拠を述べているつもりです。

目　次

は じ め に

　今から40年ほど前、横浜駅前地下街ポルタの丸善書店で、松本善之助著『ホツマツタヘ』（毎日新聞社）という奇妙な古代史の本を見つけました。ホツマ文字で書かれた古代史の書である「ホツマツタヱ」の解説書です。「ホツマツタヱ」の本物が欲しくなり、松本さんにお手紙を差し上げ、復刻版『ホツマツタヘ』を手に入れることができました。ホツマツタヱに出てくる多くの言葉が現代に残っていて国語辞典を使うと意味をとることができますが、ホツマ文字は表音文字なので難解な部分もあります。例えば「カミナリ」は「雷」なのか「神なり」なのか特定が難しいのです。そこで、ホツマツタヱを私的に解釈し漢字交じり文にすることを思い立ちました。「ホツマツタヱの私的解釈」です。ホツマツタヱの伝える古代史は古事記や日本書紀に似ていますが、一致しません。特に神社（宮）に関する逸話が、ホツマツタヱにあって、古事記や日本書紀にない場合や内容が違う場合があります。一方、現存の神社の社伝にホツマツタヱだけの逸話が伝わっている場合があります。時々ホツマツタヱの解釈に戸惑っているとき、現存の神社が解答を与えてくれます。「ホツマツタヱの私的解釈」を先に出版すべきなのに、手間取っていて、『ホツマを伝える神社　本殿の建造様式』を先に出版することにしました。

　ホツマツタヱの内容で神社と関係しそうな歴史の概略をこの本の最初に「登場人物」を中心にして載せます。次に「神社の建造様式」について述べます。それらを参照して読んで頂ければ意味がとりやすいと思います。

　ホツマツタヱには神社の建造様式が詳しく述べてあるところがあります。「ホツマツタヱミハタの（21）」です。「ミハタ」は「章」のような意味です。そして、題名が続きます「ニハリミヤノリサタムアヤ（ニハリ宮法定むアヤ）」です。「アヤ」は「こと」というような意味です。以

後引用は「ミハタの（　）」とします。ミハタの（21）に、「ソミカシハ
アメ　ヒトツキト　ヤカシハアモト　ムネニスエ（十御柏天　一つ木と
八柏アモト　棟に据え）」とあり、「十本の鰹木を棟の天辺に、一つ木に
載せ、八本の束柱（鞭懸）と千木を棟に据える」ということです。この
建造様式は伊勢神宮の建造様式そのものなのです。

　建造様式を中心に神社を見て回りました。現存神社の情報は、主に、
醍醐天皇の御世に藤原忠平が中心になって編集した延喜式と Wikipedia
からを参考にしました。延喜式には神名が載っています。神名が載って
いる神社は延喜式以前の創建であることが分かります。また、それらの
神社には格付けがあります。格付けから天皇家との距離が分かります。
格付けは「凡践祚大嘗祭為大祀。祈年。月次。神嘗。新嘗。賀茂等祭為
中祀。……（天皇が位に就く時の大嘗祭を大祀と為し、祈年、月次、神
嘗、新嘗、賀茂等祭を中祀と為し、……）」となっています。また別口
の格付けで、「名神大社」があります。名神祭に幣帛を賜る神社です。
Wikipedia は内容もさることながら、参拝するのに非常に役立ちました。
「ホツマ」は「秀眞」で「天皇の統治の心得」です。「真に秀でた心得」
ということです。ホツマ文字は母音と子音を重ねた仮名文字です。現

代のアイウエオ51字から wi、wu、we を引いた48字からなっています。ホツマ文字を書いたり読んだりするのは骨が折れるので、カタカナで表記します。この本の末尾に『復刻版ホツマツタヘ』のほんの一部を載せます。ホツマ文字の感じがでると思います。

1. 登場人物

　ホツマツタヱに登場する人物はほとんど複数の名前を持っています。英語の First-Name に相当するのが、イミナ（諱）です。現代の諱は死後の人の名前ですが、ホツマツタヱの諱は生前の名前で個人の特定に使用できます。この本ではできるだけ日本書紀の名に相当する名前で呼び、最初に諱を示します。ホツマ王朝の系図を作ってみました。できるだけ諱で表しました。

1-1　神代のホツマ王朝の始祖達

　日本書紀は神代から始まりますが、神代は天地の始まりから神武東征以前です。ホツマツタヱも神代から始まりますが、ホツマツタヱの神代は「イニシヱノ　アメツチウビノ　キワ　ナキ（古の　天地ウビの　際無き）」時代から始まり、イサナキの「ヤシマノクニウミ（八洲の國生み）」以前までです。

　天地ウビの際が無いところに、天と地の間にウビができ、そこに神の國、クニトコタチのトコヨクニが出来ます。２代目の世継はクニサツチで、狭霧の道を伝受されます。３代目はトヨクンヌで、水の技を伝授されます。４代目はウビチニです。コシ國の官宮で木の実を育てていたスビチと結ばれ、モモヒナキとモモヒナミとなります。ここから二神となり、ウビが消え天（男神）と地（女神）が國を治めます。５代目はツノグイとイククイで、６代目がオモタルの神とカシコネです。「ヤモオメクリテ　タミオタシ（ヤモを巡りて　民を足し）」ます。その範囲は「オウミアツミノ　ナカハシラ　ヒカシハヤマト　ヒタカミモ　ニシハツキスミ　アシハラモ　ミナミアワソサ　キタハネノ　ヤマトホソホコ　チタルマデ（近江アツミの　中柱　東は大和　ヒタカミも　西は筑

住　アシハラも　南阿波ソサ　北はネの　大和ホソホコ　地足るまで)」
です。オモタル神に世継が無く、7代目はミナカヌシが産んだタカミム
スビが継ぎます。タカミムスビは襲名のようで初代の諱がタカヒトで、
5代目の諱がタマキネです。

1-2　イサナキの皇子達

　タマキネはトヨケの娘イサコと結ばれて、イサナキとイサナミになり
ます。二神は、諱で、ヒルコ、ワカヒト、モチキネを産みます。ヒルコ
は両親の年回りが凶なので、磐楠船に乗せられて捨てられます。それを
筑紫住吉の翁カナサキが拾い育てます。ヒルコ姫が成長して、紀伊の名
草のタマツ宮（日前神宮）で静かに暮らしているのをイサナキが立ち寄
りハナキネを産みます。ハナキネはソサノオです。子供の頃「ツネニオ
タケビ　ナキイザチ（常に雄叫び　泣きイザチ）」なので、イサナミと
ヒルコが熊野に隠して育てます。この父子相姦は古代も凶であるとイサ
ナキが言う文があります。「アメノメクリノ　ムシハミオ　ミルヤサカ
ニノ　ナカコリテ　ウムソサノオハ　タマミダレ（天の巡りの　虫食み
を　見る八尺瓊〈勾玉〉の　中凝りて　産むソサノオは　魂乱れ）」で
す。父子相姦だからとはありませんが、虫食みであり、勾玉の曇りであ
ります。ヒルコはワカヒメです。オモヒカネ諱アチヒコとオシホミミ諱
オシヒトを近江野洲川宮（御上神社）で育てます。二人の間の子供がタ
チカラオ諱シツヒコです。

1-3　アマテルの皇子達

　アマテルの諱はワカヒトです。ウヒルギとも呼びます。トヨケの居宮
ヒタカミの宮で産まれます。アマテルは居宮をヒタカミからイサワに遷
します。そこで、セオリツホノコとの間に諱オシヒトを産みます。オシ
ヒトはオシホミミです。アマテルはホノコの他に東西南北にスケ（介）、

ウチメ（内女）、オシモ（御下）の12人の側室がいて、姫３人、皇子50人を産みます。皇子は全部出てきませんが、姫３人はかなり詳しく語られます。姫３人はクラキネの娘ハヤコが産みます。ハヤコの姉のモチコはホヒノミコト諱タナヒトを産みます。ハヤコとモチコはネ（北）の内女と介で、ネの國、マナイ（眞名井）の宮に仕えます。ところが、アマテルがネの内女に呼んだトヨ姫を寵愛して、ハヤコとモチコは筑紫に出されます。ハヤコは娘の３姫とともに筑紫の宇佐に行きます。

　３姫の諱はタケコ、タキコ、そしてタナコです。この姫君には別名があります。タケコがオキツシマ姫（沖の島姫）で、タキコがサガムエツノシマ姫（相模江の島姫）、タナコがイチキシマ姫（厳島姫）です。これらの姫君はそれぞれの島の豪族と結ばれて、ホツマ王朝の勢力を拡大します。具体的には、タキコ姫はカクヤマツミの妻となり、カコヤマを

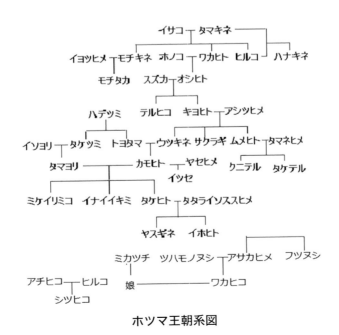

ホツマ王朝系図

産み「サカムナル　エノシマカミト　ナリニケル（相模なる　江ノ島神と　成りにける）」です。江ノ島神社の辺津宮には田寸津比賣（タギツ姫）命が祭られています。その側の弁天堂には半身裸の琵琶を弾く妙音弁財天像があります。美人ではっきり女性と判ります。本殿は江戸時代の権現造で、神仏習合の影響を強く受けていますが、ホツマ王朝の影が残っています。不思議なことに江ノ島神社は延喜式神名には載っていません。ホツマ王朝と平安王朝の断絶を窺わせます。タナコはイヨツヒコ（伊予津彦）、トサツヒコ（土佐津彦）、そしてウサツヒコ（宇佐津彦）を産み、筑紫（現在豊後）の宇佐に母ハヤコと住みます。豊後水道の対岸の伊予と土佐を手に入れたのでしょう。タナコはイチキシマ姫です。ホツマツタヱに安藝の厳島神社に祭られた話は出てきませんが、伊予の瀬戸内海対岸が安藝で、厳島神社があります。タケコはソサノオとイナダ姫の子供クシキネに嫁ぎます。ネの國での話です。

1-4　オシホミミの皇子達

　オシホミミの妃はタクハタチチ姫です。オシホミミは近江から12人の側室とチチ姫を連れてヒタカミに戻ります。チチ姫の諱はスズカです。「近江と伊勢の間」という意味のようです。チチ姫は諱テルヒコと諱キヨヒトを産みます。テルヒコはクシタマホノアカリです。オシホミミに大和平定を命じられます。アマテルから十種宝を賜り、864人の兵士とともにヒタカミを出て熊野（本宮）に参拝し、浪速、（淀川、鴨川を遡って）、鴨に着きます。この経路は多分多く使われていたと思われます。貴船神社の社伝に「玉依姫命が黄色い船に乗って浪速から淀川、鴨川、貴船川を遡って当地に着いた」とあります。テルヒコは鴨から多分、陸路で斑鳩へ、それから、飛鳥へと進軍し、飛鳥宮で國を治めます。地図で見ると、賀茂御祖を祭る下鴨神社、クシタマホノアカリを祭る斑鳩の矢田坐久志玉比古神社、笠縫の鏡作神社、飛鳥の櫛玉命神社、そしてソサノオを祭る熊野本宮は南北に一直線に建っています。テルヒ

コに従った兵士の中には、後にホツマ王朝の重要人物になる人々がいます。カグヤマ、フトタマ、コヤネ等です。テルヒコには世継ぎ子が無く、テルヒコの死後、キヨヒトの長男諱ムメヒトの皇子諱テルクニが十種宝を受け継ぎます。テルクニはニギハヤイです。

　キヨヒトはニニキネです。富士の裾野を開拓したり、安藝の禿げ山に植林したり、筑紫の國の田を足したりします。ニハリ宮を建て、のち近江のミヅホの宮に遷り住みます。天つ日嗣を受け継ぎ「ワケイカツチ（別け厳土）」の天君になります。ニニキネの妃はオオヤマスミの娘アシツ姫です。オオヤマスミの素性がはっきりしません。ニニキネが富士の裾野の開拓遠征の帰途立ち寄った「サカオリ」で、ニニキネの為に饗宴を為したのですが、サカオリは甲斐の酒折と思われますが、定かではありません。ホツマツタヱでは、シナノスワ（信濃諏訪）にサカオリ宮があるとあって、分かりません。酒折宮は古事記・日本書紀にも載っていて、日本武尊が東征の帰りに立ち寄ったことが示されています。ニニキネとアシツ姫の間には３人の皇子が産まれます。諱で、長男ムメヒト、次男サクラギ、そして三男ウツキネです。ムメヒトはホノアカリを襲名し、ハラの御君になります。ムメヒトの前はニニキネがハラの御君です。また、筑紫が治まらないので、ニニキネが出かけるとき、近江ミヅホの宮で 政 を行ったのもムメヒトです。ムメヒトはニニキネの跡継ぎです。何故か天つ日嗣は三男ウツキネが受け継ぎます。ムメヒトの長男ニギハヤイ諱クニテルを廃して、ウツキネの息子カモヒト（ナギサタケウガヤフキアワセズ）の四男タケヒト（神武天皇）が大和朝廷を開くのです。

　日本書紀で、ムメヒトは無視されます。ウツキネが天つ日嗣を受け継ぐために、山幸彦と海幸彦の話があると考えます。山幸彦が無くした鈎を筑紫のハデツミの宮で得て、シガの神によって、海幸彦（サクラギ）に返還させた後、海幸彦を懲らしめるのですが、海幸彦の降参する言葉が「ワレナガク　オトノコマシテ　カテウケン（吾永く　弟の駒して糧受けん）」とあります。ウツキネがサクラギの上位に立った話です。

オシホミミには「フツヌシト　ミカツチツネニ　ハンベリテ（経津主と　甕槌常に　侍りて）」ということで、フツヌシとミカツチは非常に仲が良いのです。フツヌシはカトリ神でミカツチはカシマ神です。ミカツチの一人娘をフツヌシの妹アサカヒメの子供ワカヒコに娶せます。ワカヒコはアマコヤネです。ミカツチの一人娘の名前が出てきません。春日大社では「比売神」となっていて名を知ることはできません。アサカヒメの夫はツハモノヌシで、春日殿です。コヤネも春日を襲名します。

1-5　ホツマ王朝と筑紫王朝

ウツキネは筑紫の豪族カナサキの孫ハデツミに助けられてその地位を得ることになりますが、この時ムメヒトは健在です。ウツキネは筑紫の御君として、筑紫を拓きます。またハデツミの娘トヨタマを妃にしてカモヒトが産まれます。カモヒトは近江ミヅホの宮をタガの宮に遷します。長男キツセをタガの御君として自らは宮崎を治めます。そしてタケヒトに自分の代わりに宮崎を治めよと言い残して亡くなります。この後タケヒトがヤマトに進軍する（タケヒトヤマトウチ）のです。いつの間にかホツマ王朝の天君は筑紫の御君になります。ニニキネ、ウツキネ、カモヒト、そしてタケヒトは九州（広義の筑紫）を統治します。都は筑紫になります。「ミヤコニハ　キミムツマジク　ヤオカフリ　ツクシノソヤモ　ヨソヰヨロ　トシヘテオサム　アメヒツギ（都には　君睦まじく　ヤオ被り　筑紫のソヤも　四十五余　年経て治む　天日嗣）」となります。

1-6　タケヒトヤマトウチ（神武東征）　I

タケヒトは神武天皇です。タケヒトがヤマトを討ちに出兵した理由は、日本書紀では「東に美地が有るから行け」とシホツツノヲヂが言ったからですが、ホツマツタヱでは生々しい権力闘争の結果です。カグ山

の臣ナガスネがキツセに叛いたことから、キツセが宮崎に行きタケヒト
に援助を要請して、タケヒトの出陣です。ナガスネの口上が興味あるも
のです。「ムカシアマテル　カミノミコ　イワフネニノリ　アマクタリ
アスカニテラス　ニギハヤイ　イトミカシヤオ　キサキトシ　ウムミコ
ノナモ　ウマシマチ（昔アマテル　神の皇子　磐船に乗り　天降り　飛
鳥に照らす　ニギハヤイ　イトミカシヤを　妃とし　産む皇子の名も
ウマシマチ）」とあります。アマテル神の皇子はオシホミミです。でも、
大和降臨はクシタマホノアカリ諱テルヒコです。ニギハヤイはハラの御
君ムメヒトの皇子クニテルです。「ニギハヤイ」と「イトミカシヤ」と
の皇子「ウマシマチ」を「ニギハヤイ」の跡取りにしようというのが、
ナガスネの意図で、それにキツセが激怒したと考えられます。「イトミ
カシヤ」が興味ある言葉で、日本書紀では「妹三炊屋」となっていま
す。古事記でも「妹登美夜」となっています。「イト」が「妹」ならば
ウマシマチはナガスネの甥です。「タケヒトヤマトウチ（神武東征）」は
正統な天日嗣子であるムメヒトの長男ニギハヤイ諱クニテルを廃して、
ウツキネの息子カモヒト（ナギサタケウガヤフキアワセズ）の四男タケ
ヒトを天君にする所業であると言えます。香具山の臣ナガスネが自分の
甥のウマシマチを嗣子にしようと企んでいることも闘争を激しくしたの
でしょう。

　ホツマ王朝系図の登場人物の諱以外の名前を纏めます。

　　　タマキネ：イサナキ、五代タカミムスビ、アワ君；
　　　イサコ：イサナミ、トヨケの娘；
　　　トヨケ：ヒタカミのハラの宮（瀧原宮）が居宮；
　　　ヒルコ：ワカヒメ、シタテルヒメ；
　　　ワカヒト：アマテル、ウヒルギ；モチキネ：ツキヨミ；
　　　ハナキネ：ソサノオ、ヒカワ神；オシヒト；オシホミミ；
　　　スズカ：タクハタチチヒメ；モチタカ：イブキヌシ；

ハデツミ：ホタ神；カナサキの孫；

カナサキ：スミエの翁；筑紫住吉宮が居宮；

テルヒコ：クシタマホノアカリ、ヤマト御君；

キヨヒト：ニニキネ、ハラの御君、ワケイカツチの天君；

アシツヒメ：コノハナサクヤヒメ；

ムメヒト：ホノアカリ、ハラの御君；

サクラギ：ホノスセリ、海幸彦；

ウツキネ：ヒコホホデミ、山幸彦；

カモヒト：ウガヤフキアワセズ、ミオヤアマキミ；

クニテル：ニギハヤイ；

タケヒト：イワワレヒコ、神武天皇；イホヒト：ヤヰミミ；

ヤスキネ：カヌカワミミ、綏靖天皇；

アチヒコ：オモヒカネ；シツヒコ：タチカラオ；

ツハモノヌシ：シキアガタ、アナシウオ神、ココトムスビ、カスガ
　　　　　神

1-7　ネの國サホコ（出雲）で活躍する人々

　タケコ姫はネ（北）の國の豪族クシキネの妻となります。そして、タカコ、タカヒコネ、クシヒコを産みます。クシキネは古事記の大国主のようです。大国主は多紀理毘比売を妻として高比売と阿遅鉏高日子根を産みます。多紀理毘比売は「胸形の興津宮に居た」とあります。また高比売は「下光比売」とありホツマツタヱではクシキネとタケコの姫は「タカコ」で「タカテルヒメ」です。クシヒコに相当する御子がいないのですが、ホツマツタヱではクシヒコは「ワガミホツヒメ　ツマトシテ　ヤソヨロカミオ　ツカサトリ（吾がミホツヒメ　妻として　八十余神を司り）」とまさにネの國の王です。詔しているのがタカミムスビだから、ミホツヒメはタカミムスビの娘ですが、5代タカミムスビのタマキネにしては世代が合いません。6代タカミムスビのヤソキネでしょうか？

　ホツマツタヱで、最初にネ（北）の國の話が出てくるのは、タマキネ（イサナキ）がミヤツ（宮津）の宮でサホコ國を治めた話です。次には、熊野で育ったハナキネ（ソサノオ）がサホコに派遣されます。ソサノオは眞名井の宮のトヨ姫に一目惚れしますが、アマテルが彼女を寵愛するので、アマテルに逆らい乱暴します。そこで、アマテルは岩室に隠れ、天下が真っ暗になります。「天の岩戸伝説」です。

1-7-1　天の岩戸伝説

　タマキネの弟クラキネは民のサシミメを妻としてクラコヒメを産みます。クラコヒメを慈しみ、兄のコクミを子の如く愛して、死ぬ間際にコクミをマスヒト（ホツマ王朝の官）にします。コクミはクラコヒメをシラ山に入れたり、サシミメを西に送ったり、母子を蔑ろにします。そこで、タカマ（ヒタカミ）で、裁きが行われ、ヤソキネをネの國神にし、ヤソキネの弟カンサヒの子アメオシをクラコヒメと娶せ、マスヒトにします。これを祝いにソサノオが眞名井にやって来て、そこのハヤスク姫に一目惚れします。ハヤスク姫は父アカッチに宇佐に帰りたいと言います。そこで、アマテルは内宮のトヨ姫をネの内女にします。ハヤスク姫とトヨ姫は同一人物と思いますが定かではありません。そしてアマテルがトヨ姫を寵愛するので、焼き餅を焼いたモチコとハヤコがソサノオに告げるのです。ソサノオは怒って、「ナシロシキマキ（苗代重播き）」、「ニイナメノ　カンミハオレバ　トノケガス（新嘗の　神身羽織れば　殿汚す）」所業です。そこで、アマテルは「イワムロニ　イリテトサセバ　アメガシタ　カガモアヤナシ（岩室に　入りて閉ざせば　天が下　輝も彩無し）」となり、オモイカネ、ツハモノヌシ等が慌てて、供え物をして、オモイカネが「ワサオキウタフ（技オキ歌う）」と岩戸を少し開けて窺うところをタチカラオがアマテルの手を取って、導き出すのです。古事記では天宇受売命が神懸りして「胸乳を掻き出で、裳の緒番登於忍垂れつ（ムナチヲカキイデ　モノヲホトニオシタレツ）」です。日本書紀でも天鈿女命は神懸りするのですが、具体性に欠けます。

ホツマツタエでは、「ウスメラニ　ヒカゲオタスキ　チマキホコ　オケ
ラオニハビ　ササユハナ」で神懸りの様子はありません。その後、ホツ
マツタエでは、ソサノオは髪の毛と爪を剝がれ放逐されます。放浪の後
ソサノオは「ネノクニサホコ」にやって来て、イナダ姫が「ヤマタノオ
ロチ（八岐大蛇）」の生け贄になるところを救います。イナダ姫の姿で、
酒を飲ませ、ズタニキル（ずたずたに斬る）のです。尾先に劔を見つけ
ます。この劔は、景行期のヤマトタケが東征にさいして、ヤマトヒメか
ら贈られた劔で、東征の途中に、草を薙ぎ倒して、助かった「草薙の
劔」です。

1-7-2　ソサノオの御子・御孫達

　ソサノオはネの國に蠢く族をイブキヌシ諱モチタカと退治します。ソ
サノオは「ヒカワ神」を賜り、「スガハ」にクシイナタ宮を築きます。
そして、「サホコ」を「イヅモ」に変えます。サホコは宮津や眞名井の
ある丹後だったのに、出雲になるのは矛盾します。「ヒカワ」は「イカ
ワ」で、「意宇川（イウ川：延喜式では意宇郡ですが）」と考えていま
す。意宇川沿いには延喜式神名にある大社造のソサノオやイサナミを祭
る神社があります。眞名井神社、揖夜神社、そして名神大社である熊野
坐神社等です。ソサノオとイナダ姫との間にクシキネが産まれます。ク
シキネは人望があって、「オホナムチ」、「クラムスビ」、「ヒコトヌシ」
等が仕えます。アマテルはクシキネをモノヌシにして、タケコを妻にし
ます。タケコはクシヒコ、タカコ、そしてタカヒコネを産みます。クシ
ヒコはモノヌシとして出雲の統治を補佐します。

1-7-3　出雲征伐

　オホナムチに謀反の心があると思われるので、最初ホヒノミコト（穂
日命）が派遣されます。ホヒノミコトの諱はタナヒトです。「クニカミ
ニ　ヘツライコビテ（國神に　諂い媚びて）」報告しません。そこで、
アメワカヒコを派遣するのですが、タカテル姫を娶って、やはり報告し

ません。キギスを飛ばして様子を見に行くと「ハハ矢」を射かけます。するとハハ矢はタカミムスビの前に落ちます。タカミムスビの返し矢で、ワカヒコは死にます。この辺りの話は譬え歌で、詳しくは推測できません。

　この後、「フツヌシ」と「タケミカツチ」が派遣されます。出雲杵築のカフ土に劔を立てて、オホナムチを威嚇します。オホナムチは自分の子コトシロヌシに責任転嫁します。伝令として来たスクナヒコナにコトシロヌシは従順の意を示します。最後にタケミナカタを諏訪に追い詰め降参させます。この後オホナムチは百八十神を引き連れてタカミムスビに降参します。出雲への派遣はタカミムスビが執り行っているのですが、5代のタマキネか6代のヤソキネですが、特定できません。

　この後、オホナムチはウモト宮を造ります。そしてホヒノミコトをモトマツリにして、そこに納まります。延喜式に「出雲國造神賀詞」があって、國造の交代に際して、朝廷に申告するのですが、「出雲國造者。穂日命之後也」とあり、穂日命が初代國造であることが記されていま

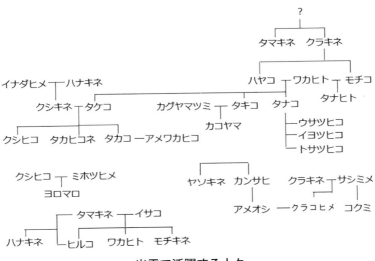

出雲で活躍する人々

す。ホヒノミコトは諱タナヒトで、モチコの子供です。國神に諂い媚びた命ですが、それが幸いしたようです。ところで、ウモト宮について「ツクルチヒロノ　カケハシヤ　モモヤソヌヰノ　シラタテニ　ウツシクニダマ（造る千尋の　架け橋や　百八十ヌヰの　シラタテに　遷し國魂）」とあり、出雲王朝とホツマ王朝の架け橋となるようにウモト宮を築いた様子が窺えます。この後タカミムスビはクシヒコをモノヌシにし、自分の娘ミホツ姫を娶らせ八十余の神を司るようにします。ミホツ姫がヨロマロを産みます。ヨロマロはクシヒコの世継です。

　出雲大社は大穴持神社と杵築大社を合併して明治に名付けられたものですが、出雲王朝とホツマ王朝の神々が祭られています。ウモト宮は杵築大社と考えられます。ソサノオ文化は意宇川の流れる八雲の地で栄え、オホナムチ文化は杵築の地で栄えたと思われます。クシヒコはソサノオの孫で、アマテルの孫でもあります。またネの國の豪族クラキネの曾孫でもあります。この後、出雲ではホツマ王朝への反逆行為はありません。

　三姫の周囲の系図の登場人物を纏めます。

　　クラキネ：イサナキの弟；タナヒト：ホヒノミコト；
　　タケコ：オキツシマヒメ；タキコ：ヱツノシマヒメ；
　　タナコ：イチキシマヒメ；タナヒト：ホヒノミコト；
　　ヤソキネ：六代タカミムスビ；
　　クシキネ：モノヌシ、大国主；クシヒコ：モノヌシ；
　　タカコ：タカテルヒメ；ヤソキネ：六代タカミムスビ

1-8　筑紫の統治

　出雲の話の後は筑紫の話をします。話は戻って、イサナキの時代の出来事です。イサナミが火の神カグツチを産んで焼かれて死ぬのですが、

イサナキが熊野有馬に納められたイサナミに会いに行き、死体に蛆が集っているのを見て逃げ帰ります。そして、筑紫アワキの那珂川で禊ぎし、ソコ（底）、ナカ（中）、ウハ（表）の三ツツオ（筒男）を産み、カナサキを祭司にします。カナサキはシマツヒコより７代目です。その後ヱタカバネ（ヱタ姓）となります。多分ホツマ王朝に治政を任されたのでしょう。またアツ川でも禊ぎして、ソコ（底）、ナカ（仲）、そしてカミ（上）の三ワタツミ（海神）を産みます。そしてムナカタ（宗像）を祭司にします。ムナカタはカナサキを助けよとあります。また、シガウミ（志賀海）に、シマツヒコ（島津彦）、オキツヒコ（沖津彦）、そしてシガノカミ（志賀の神）を、アヅミ（安曇）を祭司として祭ります。宗像神社の祭神がハヤコの産んだ３姉妹に替わる前の話です。アマテルの時代、筑紫はハタレ３人の謀反がありましたが、カダマロに平定されます。筑紫はよく乱れます。ニニキネの時代に、乱れた筑紫にニニキネ自ら出向きます。「ツクシウマシノ　ウドニツキ　ツクシアマネク　メグリカリ　イセキツツミニ　アラタナス　ノリサタムレバ（筑紫ウマシの宇土に着き　筑紫周く　巡りカリ　井堰堤に　新田成す　法定むれば）」とニニキネは開墾者であることが分かります。その後ニニキネの三男ウツキネが筑紫に行きます。カナサキの孫のハデツミに厚遇され、その娘トヨタマを妃にします。この話は上述しました。筑紫は「タケヒトヤマトウチ」の後、治まっていたのか、注意がいかなかったのか、記述が景行天皇期になります。「アフミヅキ　クマソソムキテ　ミツギセズ（アフ水無月　熊襲叛きて　貢ぎせず）」で、ヒシロワケ（景行天皇）諱タリヒコの出陣となります。熊襲は九州にいます。ヒシロワケの熊襲征伐には、「ハナダレガ　ウサ（宇佐）ニタムロシ」、「トヨ（豊）ノナガオニ　カリミヤコ」、「カリミヤハ　ヒウガ（日向）タカヤゾ」、「ユクヤッシロ（八代）エ」、そして「イタルアソクニ（阿蘇國）」と九州の地名ばかりが出てきます。その後、また熊襲が叛いたときに、出陣したのがコウスミコ諱ハナヒコで、乙女の姿で族のタケルに近づきその胸を一刺しにして、タケルからヤマトタケの名を貰うのです。この逸話は２度出

てきます。２度目（ミハタの〈40〉）には、タケルを討った直後の興味ある記述があります。「ヤマトダケ　ミコナオカエテ　ウツオサム　アメノホマレヤ　ヤマトタケ　イマスノマゴノ　タンヤガメ　フタヂイリヒメ　ウムミコハ　イナヨリワケノ　タケヒコト　タリナカヒコノ　カシキネト　ヌノオシヒメト　ワカタケゾ（ヤマトダケ　皇子名を変えて討つ治む　天の誉れや　ヤマトタケ　イマスの孫の　タンヤが女　フタヂイリヒメ　産む皇子は　イナヨリワケノ　タケヒコと　タリナカヒコの　カシキネと　ヌノオシヒメと　ワカタケぞ）」とフタヂイリヒメとの子供達が出てきます。このタリナカヒコが第14代仲哀天皇なのです。

　ホツマツタヱはオオタタネコが景行天皇に捧げた史書で、景行天皇以後の記録はありません。成務天皇と仲哀天皇の生誕だけです。古事記にも日本書紀にも仲哀天皇が神に殺されたことが記録されています。この神が天照大神と三筒男です。古事記に沿って見てみます。筑紫の訶志比宮で、神功皇后が神懸りして、「西方に金銀の宝の國があるから行って帰順させよ」と言うと、天皇は「西方に国土は見えない。ただ大海があるだけだ」と言って相手にしないので、皇后が男子を懐妊した時、天皇が崩御するのです。新羅征伐は、古事記では武内宿禰が中心ですが、日本書紀では神功皇后自らが出陣します。日本書紀には魏志倭人伝からの引用が出てきます。神功皇后と卑弥呼を同一人物にしたいのでしょうが、一致しません。神功紀52年に記載のある百済の肖古王から贈られた七支刀の紀年銘が泰和４年（369年）で、石上神宮にある七支刀がこれに当たることから、神功52年が西暦372年と歴史学研究会の日本史年表は記しています。神功皇后は神功69年（389年）、100歳で崩御しています。つまり神功皇后の誕生は289年になります。魏の明帝が卑弥呼を親魏倭王としたのは西暦239年です。

　興味があることは一杯あるのですが、ここで強調したいのは、神功皇后や武内宿禰が活躍するのは筑紫であるということです。古事記でも日本書紀でも仲哀天皇の母フタヂイリヒメは垂仁天皇の娘となっています。ホツマツタヱは違います。「イマスの孫のタンヤの女」です。「イマ

ス」が見つかりません。ただ、熊襲征伐の直後の記述ですから、筑紫の豪族と考えられます。このころ大和王朝は筑紫を統治できていなくて、ホツマツタヱの続きは「ツクシツタヱ」のような史書を元とせざるをえなくなったのでしょう。万葉仮名の歌が出てきます。仮名文字で書かれていたと思われます。

1-9　タケヒトヤマトウチ（神武東征）　Ⅱ

　ホツマを伝える神社の祭神の多くは日本書紀神代の神々です。タケヒトヤマトウチ（神武東征）の後、神武天皇即位以後はホツマを伝える神社に関する話はあまりでてきません。タケヒトヤマトウチの話を少し詳しく伝えます。

　タケヒトは宮崎を船で出発します。宮崎を出てハヤスヒド（速吸瀬戸：豊予海峡）、ウサ（宇佐）、ツクシノオシド（筑紫の押し戸）、アキノクニ（安藝の國）、キビタカシマ（吉備タカシマ）、ナミハヤノミナト（浪速の港）、そして浪速の港からヤマアトカワ（大和川）を遡り、カウチクサカ（河内クサカ）、タツタ（龍田）に着きますが、川幅が狭くて、ナガスネの抵抗も激しくて、引き返します。浪速から紀伊半島を左に回り、伊勢に入ります。伊勢から陸路ウダ（宇陀）に着きます。そして飛鳥への道を拓きます。安藝や吉備では國神が協力します。龍田の戦いで、キツセは亡くなります。伊勢からの陸路は抵抗者が出て、戦います。そして、飛鳥の地に橿原宮を拓きます。安藝の國では「チノ宮」で休みます。吉備の國では３年間も中國（ナカクニ）で、政を納めます。その間に戦の準備をします。浪速港から伊勢への海路、タケヒトの二人の兄皇子、イナキ、ミケイリが荒海に飛び込んで、海を鎮めます。ミヤサキからカモヒトの皇子全員がやって来てタケヒトだけが生き残ります。都合の良い話です。安藝には新嘗神社の速谷神社がありアキハヤタマを祭ります。その地の國神と思われます。ホツマ王朝に好意的です。吉備には吉備津神社があり、吉備津彦が祭られています。内陸にあり、吉備津彦は吉備

の國神と思われます。河内には枚岡神社があります。敗走するナガスネ
を追って河内に行きオシクモが枚岡神社を造ります。

1-10　アマテル神御魂遷し

　ホツマツタヱでは、神武天皇以降神社に関係した詳しい話は崇神、垂
仁期のトヨスキ、ヤマトメヨシコ（ヤマトヒメ）による「アマテル神御
魂遷し」とヤマトタケによる「東征」になります。第10代崇神天皇と
第11代垂仁天皇と第12代景行天皇の御世の話です。イサナキの「八洲
國生み」からタケヒトの「橿原宮即位」以前をホツマ王朝と考えます。
この時代、宮（神社）はその地の行政府だったのですが、ホツマ王朝の
基盤が緩かったので、各地に宮を造り、中央の威光を知食す（シラシメ
ス）必要があったためと思います。神武天皇の橿原宮での即位後は、中
央（都）の宮だけが示されます。綏靖天皇のタカオカ宮での即位の後は
即位ではなく、即位後の遷都ですが、崇神天皇までは具体性がありませ
ん。崇神天皇は「シキミズカキニ　ニイミヤコ（磯城瑞垣に　新都）」
です。また、垂仁天皇は「ウツスマキムキ　タマキミヤ（遷す巻向　珠
城宮）」です。巻向は景行天皇の都でもあります。ホツマツタヱは景行
天皇で終わっています。オオタタネコがヒシロワケ（景行天皇）に献げ
たのです。ワカタケヒコ（成務天皇）の即位はありません。名前がでて
くるだけです。

　トヨスキはミマキイリヒコ（崇神天皇）とメクハシの子供です。ミマ
キイリヒコが「ミヲヤノサヅク　ミグサモノ　クニトコタチハ　カンヲ
シデ　アマテルカミハ　ヤタカガミ　オオクニタマハ　ヤヱガキト　ツ
ネニマツリテ　ミトカミト　キハトホカラズ　トノユカモ　ウツハモト
モニ　スミキタル　ヤヤイヅオソレ　ヤスカラズ（御祖の授く　三種
〈宝〉物　國常立は　神ヲシデ　天照神は　八タ鏡　大國魂は　八重垣
と　常に祭りて　身と神と　気は遠からず　殿床も　器も共に　澄みき
たる　やや出ず怖れ　靖からず）」というわけで、アマテル御魂を笠縫

（鏡作神社）へ遷し、トヨスキヒメに祭らせて、オオクニ魂は山辺（大和神社）へ遷し、ヌナギヒメに祭らせるのです。オオモノヌシがミマキイリヒコの夢に出てきて唱えるので、オオタタネコをオオモノヌシの祝い主、シナガオイチをオホヤマトクニタマの祝い主にします。オオモノヌシは三輪の大神神社に祭られます。イクメイリヒコ（垂仁天皇）の御世にトヨスキヒメはアマテル神御魂を與謝（籠神社）に遷します。更に、伊勢飯野高日小川に高宮を造り、そこへ遷します。そこで、年老いたので、ヤマトメヨシコ（ヤマトヒメ）に御杖代を譲ります。ヤマトヒメはアマテル神御魂を磯部（伊雑宮）に遷します。そのことをサルタヒコに告げると、サルタヒコは「アマテル神のサコクシロを伊勢の宇治宮に納めた」と話します。ヤマトヒメが宇治に行って宇治宮を見て「コレカンカゼノ　イセノミヤ（是神風の　伊勢の宮）」と垂仁天皇に告げて、宇治宮はリニューアルされ、アマテル神御魂とサコクシロが納められます。宇治宮は伊勢神宮内宮です。

1-11　ヒシロワケ（景行天皇）期の遠征

　ヒシロワケ（景行天皇）の諱はタリヒコです。タリヒコは筑紫の熊襲が叛いたときに出陣します。２度目はコウスミコに行かせます。西を鎮めた後、コウスミコは東征します。熊襲を討ったときに名前を貰います。ヤマトダケです。伊勢に出かけヤマトヒメから、ソサノオが八股の大蛇の尾から得た劒を賜ります。相模の小野で、敵が野を焼くのを、この劒で草を薙いで、火の向きを変え戦に勝ちます。この後、ヤマトダケは大磯から上総へ船旅をします。この途中「タダヨフカゼオ　シヅメント（漂う風を　鎮めんと）」オトタチバナは海に入ります。上総では「カトリトキヒコ　ヒデヒコト　イキスオトヒコ　カネテマツ　オオカシマヨリ　ミアエナス（香取トキヒコ　ヒデヒコと　息栖オトヒコ　予て待つ　大鹿嶋より　饗為す）」と歓迎されます。北は「ミチノク」、「ツガル」へと行って「ハツホササケシム（初穂献げしむ）」です。帰り

は陸路です。「サカムノタチ（相模のタチ）」、「タマガワ（玉川）」、「ミサシクニ（武藏國）」、「シナノキソヂ（信濃木曽路）」、「イタルオハリノ（至る尾張の）」と中山道沿いです。伊吹山に登るとき、油断して、劔を置いてでかけます。道すがら息吹神が大蛇になって横たわっているところへヤマトダケが「コレナンヂ　アレカタカミノ　ツカヒナリ　アニモトムルニ　タランヤト（是汝　アレ方神の　使いなり　豈求むるに　足らんやと）」と侮辱したので、「ツララフラシテ　カオウハフ（氷柱振らせて　顔奪う）」のです。古事記では息吹神は白猪です。傷つき伊勢に帰る途中、ヤマトダケは三重で亡くなります。

２．神社の建造様式

　神社の屋根の形は大きく分けて、「切妻」、「寄棟」、「入母屋」です。切妻屋根は二方向に傾斜する二つの屋根面を持つ屋根です。二つの屋根面は長方形ですが、降り棟が勾配を持つ屋根もあります。二つの屋根面でできる三角形のうち、建物のついた部分より上の屋根でつくられる三角形を破風といいます。破風の側の建物の面を「妻」といいます。妻に直角な建物の面を「平」と言います。寄棟屋根は前後左右４方向に傾斜する４つの屋根面を持つ屋根です。二つの妻側の屋根面は三角形が傾斜した面になっています。そして平側の二つの屋根面は台形になっています。入母屋屋根は寄棟屋根の妻側の中ほどが切妻の破風になっています。神社の屋根のほとんどが切妻屋根で、入母屋屋根の新嘗（以上の）神社は３社しかありません。寄棟屋根の新嘗神社は皆無です。

　切妻屋根の神社には、妻側に参拝処（扉）がある神社と平側に参拝処（扉）のある神社があります。前者を「妻入」、後者を「平入」といいます。「切妻平入」で一方の屋根面が伸びて向拝（庇）となっている造（流造）もあります。降り屋根面に切妻破風が載った神社もあります。千木や鰹木は載ったり載らなかったりします。「平入」の多くの場合、参拝処は南にあります。

　入母屋屋根の神社の建造様式は二通りあります。平入と妻入です。

　入母屋平入造を入母屋造、入母屋妻入造を熊野造と言います。

2-1　神明造

　ミハタの（21）に述べられている、ニニキネがオオモノヌシに建造させたニハリ宮に関する法は次のようなものです。今回の伊勢神宮式年遷宮の儀式に照らし合わせてみてみます。

「マヅソマオシテ　キオキルハ　キヤヱノヒヨシ（先ず、杣をして　木を切るは　甲辰の日良し）」

- 御杣始祭：御杣山での伐採開始の祭儀で、今回の遷宮では平成17年6月3日でした。

「テオノソメ　ネシエイシズヱ　ハシラタテ　ナカスミハシラ　ミナミムキ　キタヒガシニシ　メクリタツ（手斧初め　壬午礎　柱立て　中隅柱　南向き　北東西　巡り立つ）」

- 木造始（手斧）祭：宮大工が手斧で作業を開始する所作を行う祭儀です。今回の遷宮では平成18年4月21日でした。
- 立柱祭：御正殿の柱を立てる祭儀です。御正殿の柱は南北側面に４本ずつと東西側面の真ん中に１本ずつ立てます。さらに棟持ち柱が少し斜めに東西側面の真ん中に１本ずつ立っています。御正殿の南側面の真ん中に扉があります。御正殿の真ん中の４本の柱の床下に簀の子状の板でできたボックスがあります。だから「中隅柱　南向き」の意味は「この真ん中のボックスの向き（扉のある方）」が「南向き」ということではないでしょうか？　中隅柱は、この簀の子でできた箱の柱ではないでしょうか？　兎に角、平入造神社の扉はほとんど南向きです。この祭儀は平成24年3月4日（外宮では6日）に行われました。

「シマカラフカト　ナカスミニ　ヨリテサタムル　ムネアゲハ　ツアヱニイハイ　アカコハヒ　ソミカシハアメ　ヒトツキト　ヤカシハアモトムネニスヱ（縞から賦課と　中隅に　拠りて定むる　棟上げは　丁丑に祝い　赤子這い　十御柏天　一つ木と　八柏アモト　棟に据え）」

- 上棟祭：先ず御正殿が古規通りの位置にあるか測量し、棟から伸ばされた綱を引いて棟上げの所作をする祭儀で、平成24年3月26日（外宮では28日）に行われました。

　さらに続くのですが省略します。ニハリ宮創建の法は伊勢神宮遷宮の儀式とそっくりです。ただし、儀式の日取りはホツマツタヱの記述と合

いません。干支が出てきますが、ホツマの干支は「エ（兄）ト（弟）」
です。「キツオサネ」と「アミヤシナウ」と「エト」の組み合わせででき
きた三字で「エト」が構成されます。そして「キアエ」が「甲子」で
す。ホツマにあるエトから計算した祭儀の日は遷宮の日と一致しませ
ん。

「ソミカシハアメ　ヒトツキト　ヤカシハアモト　ムネニスエ」とする
建造様式を神明造と言います。写真は伊勢神宮内宮ですが、切妻式の萱
葺き屋根の天辺（大棟）には一本の棟木が東西に通っていて、その上に
は鰹木が載っています。そして破風の降り棟に二本の平柱があって、一
つ木のところで、交叉してから空に突き出て千木となっています。その
各々に４本ずつの小さな束柱（鞭懸）が付いています。典型的な神明造

で、他の神明造と区別するために唯一神明造と言います。延喜式神名の新嘗神社は並祀を無視すると、169社ですが、このうち神明造神社は、伊勢に7社と、他に6社しかありません。伊勢の新嘗神社7社の神明造は、唯一神明造。この建造様式の神社は伊勢以外では、志摩の「伊雑宮」だけです。鰹木の数は皇大神宮（伊勢神宮内宮）で10本です。他の唯一神明造神社の鰹木は10本より少ないのです。鰹木10本の唯一神明造でない神明造新嘗神社は籠神社一社です。鰹木10本から伊勢神宮内宮（皇大神宮）がニハリ宮であると考えられますが、皇大神宮はニハリ宮創建のずっと前にアマテルとセオリツヒメが創建しています。伊勢神宮外宮がニハリ宮であると考えています。

2-2　流造

　切妻屋根の平入造です。片方の屋根が延びて向拝（庇）となって参拝処へ繋がるのです。流造の神社の中には鰹木が載っていなかったり、千木がなかったりする神社があります。また、鏡作神社のような、千鳥破風（屋根の平入側の降り屋根に小さな切妻屋根を載せた造形）のある連棟の流造神社で、春日造と見紛う造の神社もあります。扉（参拝処）が平入で、東西に建つ本殿の屋根が参拝所に延長している神社を纏めて流造神社とします。

　流造神社は山城に多くあります。山城國に28ある新嘗神社の少なくとも半分以上が流造です。しかも主要な新嘗神社はほとんど鰹木、千木を持ちません。さらに、山城の新嘗神社のうち、下鴨神社、上賀茂神社、それと貴船神社以外はほとんどがホツマツタヱにでてきません。東海道にある新嘗神社5社のうち4社が流造です。最東端の新嘗神社である鹿嶋神宮は延喜式神名でも神宮です。香取神宮も神宮です。延喜式神名3132社のうち伊勢にある太神宮と合わせて3社以外に、神宮はありません。近畿王朝にとって、鹿嶋神宮と香取神宮はそれほど貴重な神社なのです。ただし、日本書紀には石上神宮が見えます。写真は鹿嶋神宮

です。千木が載っていますが、置き千木と言って、大棟に載っています。

2-3　春日造

　春日は襲名です。初代春日はツハモノヌシです。ハタレ（族）を討った功績により、シキアガタ（磯城縣主）になり、カスガトノ（春日殿）となります。奈良県の地図で磯城郡には、田原本町、三宅町、そして川西町しかありませんが、延喜式神名には城上郡と城下郡があり、そこにある神社から、桜井市と天理市の一部が入るようです。春日の地はこの辺りですが、春日造の代表である春日大社はより北にあります。添上郡です。春日大社は平城京鎮護のために御蓋山に武甕槌命を祭ったのが

始まりで、神護景雲2年（768年）に経津主命、天児屋根命そしてその后を加えて御蓋山の麓に祭ったとパンフレットにあります。ところが、ホツマツタヱでは違う景色が見えてきます。タケヒトに敗れたナガスネが河内に逃げ込み、クシミカタマとオシクモがそれを追って、討ち果たすのですが、オシクモは河内に留まり、「オシホヨリ　カスガオマネキ　ヒラオカノ　ヤシロマツリテ　カミトナル（オシホより　春日を招き　枚岡の　社祭りて　神となる）」と枚岡宮を造るのです。「春日を招き」ですから、春日を遷したのです。枚岡神社には春日大社に祭られている4座が祭られています。神武天皇の時代にすでに大和で、春日は祭られています。「オシホ」は何処でしょうか？　ホツマツタヱに興味有る記述があります。「アマノコヤネモ　カスガクニ　トフヒノオカニ　ヤマ

トカワ　ホリテツクレル　ミカサヤマ（天の児屋根も　春日國　トフヒ
の丘に　山と川　掘りて造れる　御蓋山)」です。御蓋山には天児屋根
が祭られていたと考えてもおかしくはありません。

　春日造は切妻屋根の妻入です。多くの春日造神社は南北に妻入があ
り、妻入の前面（南側）に向拝（庇）が出ています。向拝は屋根と一体
になっています。鏡作神社のような破風をもつ流造では、南側の屋根が
向拝になっていて、北側には破風がありません。連棟の春日造の場合、
この向拝が繋がって東西にある一つの大屋根となっていますが、北側に
向拝はありません。屋根には千木と鰹木があります。春日造の多くは単
棟ですが、「春日」の名前を尊重して、春日大社の前の造である枚岡神
社４座の写真を載せます。

2-4　大社造

　大社造は切妻屋根の妻入ですが、春日造と異なり屋根と一体になった
向拝はありません。妻側に階隠しの切妻屋根が参拝処の方に延びていま
す。多くの大社造では、妻側に３本の柱があって、扉は真ん中の柱をよ
けて、向かって右側にあります。そこに階段があり、上ると階隠しの屋
根があります。延喜式神名にある神社で、出雲國以外の大社造神社はあ
りません。

　本殿の柱は田の字に９本あります。真ん中の柱を「心御柱」と呼び、
南北の２本を「宇豆柱」と呼びます。建物にこれらの中柱があるため
に、扉は南東に寄せて造られています。もちろん参拝処は南です。摂社
には中柱がないので、真ん中に扉があり、階段も階隠しの屋根も真ん中
です。2000年（平成12年）出土の巨大宇豆柱の一部から現在よりもっ
と巨大な神社であったことが推測されていますが、推測に過ぎません。
出雲の神社がほとんど大社造であることを考えると、創建当時の様式を
保っていると考えられます。

　本殿の写真は瑞垣越しに撮れるのですが全体が分かりません。出雲大

社の説明板がありまして、そこに載っていた写真が全体を写しているので、載せます。

2-5　入母屋屋根造

　神社の屋根には切妻屋根と入母屋屋根があることを先に述べました。寄棟屋根の下の方だけ残して、妻側の大棟が張り出して、切妻破風となっているのが入母屋屋根です。入母屋屋根で、屋根の下部が向拝となり、参拝処が平入にあるのが入母屋造です。入母屋造神社は、仏閣に多く、神社には少ないのです。新嘗神社では近江國野洲郡御上神社と紀伊國名草郡日前神宮と國懸神社だけです。吉備津神社（備中國賀夜郡吉備津彦神社）のように吉備津造（比翼入母屋造）という本殿と拝殿が繋

がっている比較的新しい特殊な入母屋造神社もあります。日前神宮の写真を載せます。後部が見えなくて分かりにくいのですが、前部同様向拝になっていて、屋根の下部は一体です。

　入母屋屋根で、参拝処が妻入にあるのが熊野造です。熊野造は屋根と一体の向拝を持つ春日造と似ていますが、春日造では背面に向拝はありません。つまり、入母屋屋根が完成していないのです。名神大社の熊野本宮大社（紀伊國牟婁郡熊野坐神社）と大社の熊野速玉大社（紀伊國牟婁郡熊野速玉神社）が入母屋妻入（熊野）造です。また、延喜式神名にはないのですが、熊野那智大社も熊野造です。他にも入母屋屋根の神社はあるでしょうが、比較的格下の神社です。

3．ホツマを伝える神社本殿の建造様式

3-1　神明造神社

3-1-1　皇大神宮

　皇大神宮は、日本書紀の記述に基づくと垂仁26年、倭姫^{ヤマト}が創建したことになっていますが、ホツマツタヱによればそれよりずっと前にアマテルにより創建されています。「トキニイサワノ　アマツカミ　ソフノ　キサキモ　カミトナル　セオリツヒメト　オオンカミ　ミヤウツサント　ミモカワニ　アノボルチエテ　サコクシロ　ウヂノミヤキニ　フヨホヘ

テ　トキニキソスズ（時にイサワの　天つ神　十二の妃も　神となる　セオリツ姫と　大御神　宮遷さんと　ミモカワニ　ア昇る地得て　拆釧〈サコクシロ〉　宇治の宮居に　二萬歳経て　時に五十スズ）」とミハタの（28）にあります。十二の妃は東西南北にスケ、ウチメ、オシモの３人ずつ居たアマテルの側室のことです。「サコクシロ」は単なる「銅または石のような物で作った腕飾り（辞海）」ではなく「象徴的な何か」であると思います。皇大神宮は、何故、倭姫の創建となったのでしょうか？　ホツマツタヱの記述（ミハタの〈33〉とミハタの〈36〉）の概略は次のようなものです。

　崇神天皇の御世にトヨスキ姫が、アマテル神御魂を磯城瑞垣の皇居から笠縫へ、笠縫から與謝へ、そして、與謝から伊勢飯野へと遷して、御杖代（ミツエシロ）をヤマト姫に譲ります。垂仁天皇の御世にヤマト姫がアマテル神御魂を伊勢飯野から磯部の伊雑宮に遷し、そのことを五十鈴川のサルタヒコに伝えるとサルタヒコは「昔、大御神の拆釧を宇治宮に入れたけれど面倒を見る人がいないので、持ち帰った」というのです。それを聞いてヤマト姫が宇治宮に行って、見て、「コレカンカゼノ　イセノミヤ（是神風の　伊勢の宮）」と感激して宇治宮をリニューアルしたという話です。皇大神宮の住所は伊勢市宇治館町です。伊勢市には合併前の宇治の名が残っています。例えば、「宇治山田」、「宇治浦田」です。「皇大神宮」は「宇治宮」であると言えます。宇治宮はアマテルが創建しています。ホツマツタヱではヤマト姫が「リニューアル」したのですが、日本書紀では天照大神が倭姫に「欲居是國」と誨て、「興齋宮于五十鈴川上」となるのです。アマテルウチ宮創建の逸話が抜けています。

　皇大神宮は、一般には、写真撮影どころか、高い石垣とその上の板塀で拝観さえもできませんが、何故か Wikipedia には写真が載っています。外宮は外から撮れます。

　最後にヤマトヒメの宇治宮リニューアルの原文を載せます。
「キスズガワ　フソヤヨロホノ　サルタヒコ　ワカゴニイワク　ワレムカシ　カミノタマモノ　サコクシロ　ウヂミヤニイレ　アラミタマ　ヤ

ヨロホマチシ　カンマカラ（五十鈴川　二十八萬歳の　サルタヒコ　ワ
カゴに曰く　吾昔　神の魂物　拆釧　宇治宮に入れ　荒御魂　八萬年待
ちし　神罷ら）　中略　オオワカゴ　カエリモフセバ　ヤマトヒメ　ウ
ヂニイタリテ　ミテイワク　コレカンカゼノ　イセノミヤ　ミクサハマ
ツル　ミナモトト　イヤマヒカエス　アグライシ（オオワカゴ　帰り申
せば　ヤマト姫　宇治に至りて　見て曰く　是神風の　伊勢の宮　三種
葉祭る　源と　敬い返す　胡座石）　中略　オオハラヌシト　ヤソトモ
ニ　ヰソスズハラノ　クサカラセ　オチコチヤマノ　キオキラセ　モト
スエモドシ　マナカモテ　オオミヤハシラ　シキタテテ　チギタカシリ
テ　ミヤナレハ　ミカドニモフシ（オオハラヌシと　ヤソトモに　五十
鈴原の　草枯らせ　遠近山の　木を伐らせ　本末戻し　眞中持て　大
宮柱　敷き立てて　千木高知りて　宮なれば　帝に申し）」とミハタの
（36）にあります。
「皇大神宮は宇治宮をリニューアルした宮」です。延喜式神名において
皇大神宮は太神宮です。

3-1-2　豊受大神宮

　伊勢神宮外宮です。延喜式神名には渡會宮四座とあり四座の神の特定
はなされていませんが、相殿三座と但し書きにあります。太神宮は相殿
二座となっています。外宮の瑞垣の中には、東宝殿、西宝殿、御鐉殿が
相殿としてあります（遷宮館の模型）。内宮の相殿は、東宝殿と西宝殿
の二座です（伊勢文化舎の『お伊勢さんと遷宮』の写真）。外宮では御
鐉殿が加わっているのです。鐉は「食を供えること」を意味します。由
緒によると、「雄略天皇の御世に丹波國から天照大御神の食事を司る御
鐉都神として豊受大御神を迎えた」とあります。御鐉殿に豊受大御神を
祭ったというのではないでしょうか？　本来は、度會宮御正殿には他の
神が祭られていたと考えます。鰹木が９本で、一本足りないけれども度
會宮はニハリ宮です。その根拠は、度會宮の北側を宮川が流れているか
らです。ミハタの（24）に、ニニキネがニハリ宮で、政をしている時

に、「ツラツラト　オモセハタミノ　フユルホド　タハマサヌユエ　カ
テタラズ（つらつらと　思せば民の　増ゆるほど　田は増さぬ故　糧足
らず）」と思い「ヤマタノタカク　ミヤカワノ　カミヨリイセキ　ツツ
ミツキ　ツイニタカノオ　タトナセバ　ヰトセノウチニ　ミツホナル
（山田の高区　宮川の　上より井堰　堤継ぎ　遂に高野を　田と成せば
五年の内に　瑞穂成る）」とするのです。高野に水を引いて田と成した
ということです。ニハリ宮は宮川の傍にあると思われます。伊勢神宮外
宮のすぐ西側を宮川が流れています。度會宮はニハリ宮です。鰹木９本
は、皇大神宮に忖度したのではないでしょうか？　ニハリ宮はニニキネ
のオオモノヌシへの詔により創建されました。「オオモノヌシガ　オヤ
ノクニ　イツモヤエカキ　ノリオサム　ソノモトノリハ　サキカミノ
イサオシナレバ（オオモノヌシが　祖の國　出雲八重垣　法定む　その
元法は　先神の　勲なれば）」とミハタの（21）にあります。出雲はサ

ホコ（丹後）です。そこにある籠神社は鰹木10本の神明造です。「法定む」とは「法規が守られ平安である」ということです。その「元法」は「手本」です。「手本」は先神、すなわちアマテルの勲であるから、ニハリ宮を創建するというわけです。ニハリ宮は宇治宮を手本にしているということです。祭神はアマテルかニニキネと考えられます。ホツマツタヱには気になる記述もあります。ヤマト姫がウジ宮をリニューアルしてサコクシロを戻したとき、アマテル神が喜んで告げた中に「サコクシロ　シキナミヨセル　イセノミヤ　ナガクシズマリ　マモルベシ　トヨケノカミト　モロトモゾ（拆釧　敷浪寄せる　伊勢の宮　長く鎮まり　守るべし　トヨケの神と　諸共ぞ）」これを聞いた垂仁天皇は喜んでトヨケの神にサオシカするのです（ミハタの〈36〉）。「サオシカ」の意味は分かりませんが、良いことであると思います。また、トヨケはアマテルのムカツ姫（正妃）セオリツ姫により「サホコの真名井の原」に祭られています（ミハタの〈6〉）。真名井の宮は丹後です。丹波ではありません。伊勢神宮外宮には、アマテル神とトヨケ神が祭られているのかも知れません。いずれにせよトヨケ神は御鑰殿に祭られていると考えるのが自然です。

　伊勢神宮外宮は内宮と同様に板塀に囲まれていて近くで写真を撮ることができないのですが、内宮より塀が低いので、遠くからだと撮れます。鞭懸がはっきりと見えます。内宮と建造様式はほとんど同じですが、鰹木が9本であるのと、千木の天辺が垂直に切れているのが違います（内宮は水平です）。

　宮川を遡り三瀬谷ダムの手前で南に分岐した大内山川の支流頓登川の北側に瀧原宮があります。

3-1-3　瀧原宮
　神社の由緒書きには「倭姫命世記」によると「垂仁天皇の皇女倭姫命が御杖代として天照大神を奉戴し、御鎮座の地を求めて、宮川下流の磯宮をお発ちになりこの地においでになると、大河之瀧原之国という麗し

　い土地があり、この地に宮殿を造立されたのが起源とされます」とあります。

　ホツマツタヱでは、ヤマト姫がアマテル御魂を遷したのは磯部の伊雑宮です。すると瀧原宮はホツマツタヱではどう伝えているのでしょうか？　「タキハラ」を「タキ・ハラ」として、「タキ・ハラの宮」が「瀧原宮」となったと考えると辻褄があいます。瀧原宮は度會郡大紀町にありますが、この町は多気郡大台町と接していて、瀧原宮はその町境にあります。「多気のハラの宮」と考えています。

　「ハラの宮」はホツマ王朝にとって重要です。ミハタの（28）には、「諱ワカヒト産宮はハラミサカオリ」とあり、ワカヒトが産まれたのは「ヒタカミ」ですから、「ヒタカミ」は「ハラミ」でもあります。さらに、ミハタの（28）には「ナガスネガ　ワレオタツレバ　イチサワグ　カレニハラミノ　ミコフレテ　ホツマヒタカミ　カテフネオ　ナオサヌユエニ（ナガスネが　我を立つれば　一騒ぐ　故にハラミの　皇

子触れて　ホツマヒタカミ　糧船を　直さぬ故に)」とあり、ミハタの(29)には「カクヤマノトミ　ナガスネガ　ママニフルエバ　サハガシク　ハラノオキミハ　カテトトム(香具山の臣　ナガスネが　儘に振るえば　騒がしく　ハラの御君は　糧整む)」とあります。「ナガスネをタケヒト(神武天皇)が討つ」という同じ逸話の中にでてきます。ですから、「ハラミ」と「ハラ」と「ヒタカミ」は同一です。また、ハラの御君はオシホミミの皇子ニニキネ諱キヨヒトの長男ムメヒトです。ニニキネの三男ヒコホホデミ諱ウツキネが筑紫を治めに行く前に、ハラの宮に行き、暇乞いをするとムメヒトも共に都(ニハリ宮)に上ります(ミハタの〈25〉)。

「ハラ」と「ハラミ」と「ヒタカミ」は同じで、ハラの御君ムメヒトの居宮です。ホツマツタヱには、こんな記述もあります。オシホミミがテルヒコとキヨヒトをヒタカミに召して、「テルヒコは　ヤマトアスカ御君」と「キヨヒトは　ヤマトハラ御君」と名を賜うとあります(ミハタの〈24〉)。つまり、ハラの御君はムメヒトの前はキヨヒト、つまりニニキネだということです。ムメヒトがホツマ王朝の世継であることが分かります。でも、ヒコホホデミ諱ウツキネが「アマツヒツギ」を受け継ぐことになります。ヒコホホデミはタケヒト(神武天皇)の祖父です。ムメヒトの皇子がニギハヤイで、その子ウマシマチを世継にしようと考えたナガスネをタケヒトが討つのが「タケヒトヤマトウチ(神武東征)」のホツマツタヱの告げる次第です。

　神代6代目の世継のオモタルの神が諸國を巡った範囲に「ヤマトヒタカミ」とあります。瀧原宮は伊勢ですが、ホツマ王朝の勢力圏を広義の「ヤマト」と言うようです。オシホミミはヒタカミのミクラの後に建てられた「タカノコウ」で 政 を行います。瀧原宮には少し離れた処に若宮があります。「若宮の神」を祭ります。若宮つまりオシホミミを祭るタカノコウと思われます。神明造ですが、屋根が木葺きです。

　瀧原宮へ紀勢線で行くには時間の無駄を覚悟しなければなりません。前日、熊野市に泊まって、熊野市9時33分発、南紀4号で、10時54分

三瀬谷着で行きました。次の名古屋行きは三瀬谷14時21分発の南紀６号です。雨が降っていたので、タクシーを使いました。雨のせいで、写真が少し曇っています。社の前の表札には「天照坐皇大御神御魂」とあります。延喜式神名では「木嶋坐天照御魂」とか「大和坐大國魂」のように「土地」に「坐す」と書かれています。この地が「天照」というのでしょうか？　いずれにしろ、瀧原宮とアマテルの深い関係を意識させます。

　アマテルは「アマツヒツギ」をオシホミミに譲りイセに隠居します（ミハタの〈11〉、〈19〉）。アマテルが隠居した場所は「イサワ」です。テルヒコの大和平定で、テルヒコに加勢したキヨヒトがアマテルに報告したのが「イサワ」です（ミハタの〈20〉）。伊雑宮は志摩ですが、当時伊勢に含まれていたと考えています。

3-1-4　伊雑宮

　ミハタの（６）に「キミハミヤコオ　ウツサント　オモヒガネシテ　ツクラシム　ナリテイサワニ　ミヤウツシ（君は都を　遷さんと　オモヒガネして　造らしむ　成りてイサワに　宮遷し）」とあります。続いて「ココニヰマセハ　ムカツヒメ　フヂオカアナノ　オシホキニ　ウブヤノミミニ　アレマセル　オシホミノミコ　オシヒトト　イミナオフレテ（此所に居ませば　ムカツ姫　藤岡穴の　忍穂居に　産屋の耳に　在れませる　オシホミの皇子　オシヒトと　諱を触れて）」と君がアマテルであることを示しています。アマテルはヒタカミに居て、ヒタカミからイサワに宮遷しをし、さらにヒタカミに戻り、ミクラの後にタカノコウを造ります。その後、オシホミに「天つ日嗣」を譲った後の居宮も伊雑宮の可能性があります。ウヂ宮創建はずっと後のような記述です。

　垂仁天皇の皇女ヤマト姫がアマテル神御魂を伊勢飯野から磯部に遷します。伊雑宮に遷すわけですが、アマテルにとって伊雑宮は馴染みの宮であったからこそと考えるのが自然です。ミハタの（36）には、「コノタビハ　ヨシコオウチノ　オミコトシ　ミタマゲカツギ　イキノヨリ

　イソベニウツシ　シツメマス（この度は　ヨシコを内の　御巫女とし御魂下担ぎ　飯野より　磯部に遷し　鎮めます）」とあります。
　　延喜式神名には、大社でしかありませんが、志摩國答志郡粟嶋坐伊射波神社二座があります。「イサハ」と振り仮名があるので、伊雑宮をこれに比定できないか考えました。しかしながら、伊雑宮は、神祇四で、伊勢太神宮の遙宮として伊雑宮一座とあります。「イサフ」と仮名を振って脚注に「在志摩國答志郡」とありますが、一座と二座では大違いです。アマテル神と並祠できる神は居るはずもありません。鳥羽に伊射波神社があります。神社を「イサワ」ではなく「イサナミ」と呼べばその祭神はその名の通り「イサナミ」です。Wikipedia で祭神は「稚日　女尊」となっています。ホツマツタヱで、「ワカ姫」は「ヒルコ」でイサナミの娘です。伊射波神社に祭られているのはイサナミとヒルコと考えられます。伊雑宮の由緒には「倭姫が志摩國を訪れた際、伊佐波登美命が出迎えた当地を御贄地に選定し伊雑宮を建立したとされる」とありま

す。Wikipedia には、「一般には、これが書かれた倭姫世記が史書とされないこと、また該当箇所は伊雑宮神官が後世に加筆したとされることから、創建は不詳とすべきである」とあります。イサワ宮はアマテルが創建し、倭姫がアマテル御魂を鎮めた宮でもありますが、当地を御贄地としたことはそうかもしれません。伊雑宮の横には広い神田があります。毎年そこで、御田植式が行われると言うことです。

　伊雑宮に最も近い駅は近鉄上之郷駅ですが、鈍行しか停まらないので、一つ先の駅志摩磯部に特急で行きました。この線はトンネルがほとんど無いのですが、白木駅と五知駅の間には長いトンネルがあります。トンネルを越えると二級河川ですが、結構幅広の加茂川沿いに電車は走ります。伊雑宮も川沿いです。川は伊雑ノ浦に注ぎ込んでいます。イサワ宮からすぐ太平洋に出ることができます。

　倭姫が磯部にアマテル神御魂を遷す前には、アマテル御魂は伊勢飯野にありました。崇神天皇の皇女トヨスキがアマテル御魂を磯城瑞垣の宮殿から笠縫へ遷し、さらに、與謝に遷し、そして伊勢飯野に遷したのです。與謝の籠神社は鰹木10本の神明造です。

3-1-5　籠神社

　籠神社は鰹木10本の神明造です。ただ、千木が鞭懸の付いている降り棟木ではなく、背の棟木に付いています。置き千木といいます。垣根も伊勢神宮のものと違います。奇妙なことに、延喜式神名にある新嘗神社で日本海側にあるのは丹後國籠神社と若狭國宇波西神社だけです。丹後と若狭は伊勢との交通の便が良かったからだと思います。ホツマツタヱでは丹後は「サホコ國」です。ミハタの（6）に、ホツマ王朝から派遣された官「マスヒト」が政治を怠ったので、タマキネ（イサナキ）がサホコ國に行って、宮津の宮で國を治めたという逸話があります。それに続いて、セオリツ姫が真名井の原にトヨケ神を祭ったという逸話もあります。

　Wikipedia によると、籠神社には元伊勢籠神社由緒略歴があって、そこでは「古には真名井の原の地にある与左宮に豊受大神が鎮坐していたが、崇神天皇の御世に、天照大神が４年間並祠された。その後白鳳11年海部伍道が籠神社と改め、祭神を彦火火出見尊（ウツキネ）とし、養老３年真名井原から現地に遷座した」とあるそうです。

　籠神社の由緒書きには「神代の昔より奥宮眞名井原に豊受大神をお祭りして来ましたが、その御縁故によって崇神天皇の御代に天照大神が大和國笠縫邑からお遷りになり……その後天照大神は垂仁天皇の御代に、又、豊受大神は雄略天皇の御代にそれぞれ伊勢にお遷りになりました……両大神がお遷りの後、天孫彦火明命を主祭神とし……」と書かれています。

　また、籠神社の北東400ｍの真名井の原には真名井神社が現存しま

す。私の参拝時にこの神社は改装中で、見ることができませんでした。でも、amanohashidate.jp の写真で見る限り、本殿は切妻平入造です。神明造に近いと言えます。境内には湧水天の眞名井の水や、天照と豊受の大きな磐座があるということです。

　ホツマの伝える崇神天皇の御世のアマテル神御魂遷しの逸話には「與謝に行く　この橋立は　笠縫の　絵より宮津の　松に雲」と述べられています。宮津は天の橋立の南端です。宮津も天の橋立も籠神社も與謝郡です。明らかにサホコ國は丹後國です。ただしホツマツタヱではソサノオが戒心して氷川神になり、八重垣と幡を賜り、「サホコクニ　カエテ　イツモノ　クニハコレ（サホコ國　変えて出雲の　國は是）」となったのです（ミハタの〈9〉）。この後、ソサノオとイナタヒメの間に産まれたクシキネが「コトニヤサシク　オサムレハ　ナガレオクメル　モロガナモ（事に優しく　治むれば　流れを汲める　諸ガナも）」とあり、「モロガナ」の中に「オホナムチ」、「クラムスビ」、「ヒコトヌシ」等の名があります。出雲を豊かにしたのですが、ホツマ王朝と敵対し、タケミカッチとフツヌシの活躍するイツモ征伐となるのです。経津主と武甕槌が剱を立てたところが「イヅモキツキ」です。延喜式神名の出雲國出雲郡杵築大社のある場所と思います。

　籠神社には宮司の海部家の系図があって、その始祖が火明命です。ただしこの系図の初期の方は火明命の子が忍穂耳命になっていたりして信用できません。アクセスは非常に良く、京都丹後鉄道の天の橋立駅近くの港から観光船で16分、その後歩いて5分です。この観光船は一日一往復宮津へ着きます。その他は30分毎に運行しています。また、天の橋立駅から歩いて1時間ほどで、橋立の北端に着きます。籠神社の鰹木は10本の神明造です。伊勢神宮と同じです。但し、建て替えられていて、太古の姿を完全に留めてはいないようです。

　與謝からアマテル御魂は伊勢飯野に鎮められます。

3-1-6　飯野高宮神山神社

　ミハタの（36）にある與謝から伊勢飯野へのアマテル神御魂遷しの下りは「イセイイノ　タカヒオガワニ　スズトドム　タカミヤツクリ　シヅメマス（伊勢飯野　髙日小川に　時代留む　高宮造り　鎮めます）」となっていて、「タカミヤ」は普通名詞に見えますが、倭姫がアマテル神御魂を磯部に遷す件が「トシコエテ　イデタツハツヒ　アケコハラ　イセタカミヤニ　イリマセバ（年越えて　出で立つ初日　明けコハラ　伊勢高宮に　入りませば）」と固有名詞にとれます。「スズ」はアマテルの時代が「フソキスス」で、オシホミの時代が「フソムスス」です。「スズトドム」は「アマテルの時代を留める」ということだと思います。

　伊勢國には飯野郡がありました。現在は松阪市です。延喜式神名伊勢國には伊勢國飯野郡に４社の小社が載っています。格は単なる「神名

（にある）社」です。そのうち、神山神社の論社である松阪市山添にある飯野高宮神山神社の社伝では、この神社が「伊勢高宮」であるとしていると Wikipedia は伝えます。さらに「神道五部書の倭姫命世記の伝承に、垂仁22年に倭姫命が４年間天照大神をお祭りしたとある」とあります。祭神は猿田彦命と天鈿女命（ウズメ）となっていますが、ホツマではこの二人が関係しています。「ウスメ」は天の岩戸伝説（ミハタの〈7〉）のところに出てきます。それとミハタの（24）で、ニニキネが彼方此方巡って井堰を作っている途中に、タマシマにやって来た時に出てきます。猿田彦がオトタマ川の白砂に昼寝をしていて、ウスメに聞きに行かせます。その後いろいろあって、猿田彦の功績に報いて、ウスメを賜るのです。「ミオノツチ　ツムミカミヤマ　イセキツク　サルタオホメテ　ミオノカミ　コノムウスメオ　タマワリテ　ソノナアラハス　サルベラトカクラオノコノ　キミノモトナリ（澪の土　積む三上山　井堰付く　猿田を褒めて　澪の神　好むウスメを　賜りて　その名表す　サルベラとカクラ男の子の　君の元なり）」とミハタの（24）にはあります。「ミカミヤマ」は近江の「三上山」でしょう。

　延喜式神名にある伊勢國の「タカミヤ」は度會郡の新嘗神社「高宮」一社です。この神社は伊勢神宮外宮境内の小高い丘（檜尾山）の上にある多賀宮に比定できます。多賀宮も唯一神明造です。由緒書きは無く、名板があるだけです。「別宮　多賀宮　御祭神　豊受大御神荒御魂（とようけのおおみかみあらたま）」となっています。名前だけから言うと、高宮も多賀宮も「タカミヤ」ですが、存在場所が渡會郡です。飯野高宮ではありません。

　飯野高宮神山神社は櫛田川と祓田川の合流点近くの神山の麓にあります。「タカヒオガワ（高日小川）」そのものです。また、本殿はWikipedia にある写真（buccyake-kojiki.com）で見ることができるのですが、明らかに神明造です。

　伊勢にある新嘗神社７社すべてが唯一神明造神社です。今まで述べなかった荒祭宮は伊勢神宮内宮の敷地内にあります。そして伊佐奈岐宮二座は月讀宮二座と同じ敷地内にあります。

3-1-7 月讀宮

　ツキヨミはイサナキの皇子の中で陰の薄い存在です。ホツマツタヱでは、「フタカミハ　ツクシニユキテ　ウムミコオ　ツキヨミノカミ　ヒニツゲト　アメニアゲマス（二神は　筑紫に行きて　産む皇子を　ツキヨミの神　日に継げと　天に挙げます）」とミハタの（3）で、筑紫での出生を述べています。詳しくはミハタの（4）で、「ツクシニミユキ　ウエテトコヨノ　モチナレバ　モロカミウケテ　タミオタス　タマノオトトム　ミヤノナモ　オトタチバナノ　アワキミヤ　ミコアレマセバ　モチキネト　ナツケテイタル　ソアサクニ（筑紫に御幸　植えて常世の　望なれば　諸神受けて　民を足す　タマノオ整む　宮の名も　弟橘の　アワキ宮　皇子在れませば　モチキネと　名付けて至る　ソアサ國）」と、筑紫のアワキ宮で皇子モチキネを産んだということです。タマノオはイサナキです。モチキネはツキヨミで、多分、諱です。ソアサ

國は「イヨツヒコ（伊予津彦）」と「アワツヒコ（阿波津彦）」が出て来るから、四国のことです。

　もう一カ所ホツマにツキヨミは出てきます。ミハタの（6）に、「ツキヨミノツマ　イヨツヒメ　ウムモチタカハ　イフキヌシ（月讀の妻伊予津姫　産むモチタカは　伊吹主）」とあります。ホツマでは、イフキヌシは大活躍です。

　月讀宮は近鉄五十鈴川駅のそばにあります。皇大神宮の真北です。五十鈴川下流に沿ってあります。向かって左から月讀荒魂宮、月讀宮、伊佐奈岐宮、伊佐奈弥宮が並んで建っています。四つの社殿はほとんど同じ建造様式です。各社殿の前には切妻の屋根と柱だけの建物が延びていて、参拝処があって、更にその前には鳥居が立っています。

　伊勢以外の神明造新嘗神社の屋根は、はっきりした茅葺きではありません。

3-1-8　葛木坐火雷神社

　大和國の神明造新嘗神社は、私の知る限り、この神社だけです。

　主祭神は「火雷大神」です。古事記では、「迦具土に焼かれて死んだイサナミの死体に蛆が集っていて、頭に大雷、胸に火雷、腹に黒雷、陰に析雷、左手に若雷、右手に土雷、左足に鳴雷、そして右足に伏雷が居た」となっています。日本書紀にもホツマツタヱにもこの神は出てきません。ホツマ王朝とは無関係な神様のようです。でも、イサナミの父トヨケや夫イサナキが世継ぎ子を産むように、葛木の「イトリヤマ」で禊ぎしています（ミカサの〈4〉）。

　イサナキにいたっては「雷出でん（ミカサの〈4〉）」なんて言っています。山城國乙訓郡には新嘗神社の乙訓坐大雷神社があります。雷神の新嘗神社は他に見つかりません。乗り換えが多く面倒ですが電車数が多くて、アクセスは悪くありません。京都から近鉄橿原線で橿原神宮前に行き、南大阪線へ乗り換えて尺土まで、さらに御所線に乗り換えて、忍海駅で降ります。そして駅から、徒歩30分ほどで着きます。西に向か

い歩きます。「忍海」の家並みを出ると田畑があり、さらに進むと「笛吹」の家並みがあります。細い坂道を上ると、神社につきます。「イトリヤマ」という痕跡は全くありません。神社から下りる時に、正面の少し左側（東）に畝傍山が見えます。この神社の裏には葛城山があります。この地は「笛吹」と言って、「笛吹大神」が祭られていたと神社の説明にあります。土着の神を祭っていて、ホツマ王朝に併合されたのではないでしょうか？　延喜式神名では大和國忍海郡葛木坐火雷神社二座となっています。火雷大神と笛吹大神の二座の並祠でしょうか？　この神社の本殿に向かって左側に古墳があります。安房神社も忌部神社も近くに古墳があります。土着神を祭っている証しではないかと思っています。

3-1-9　安房神社
伊勢・志摩を除いた、伊勢の東側の東海道、東山道、北陸道で唯一の

神明造新嘗神社です。延喜式神名の安房國安房郡安房坐神社に比定でき
ますが、通常、神社の前に主祭神の名前がくるのですが、有りません。
主祭神は天太玉命です。日本書紀によると忌部氏の祖神です。ホツマ
には、ホノアカリの大和平定に従った32人の騎馬兵の紹介（ミハタの
〈20〉）に、「フトタマとはミムスビの三子」とあります。「ミムスビ」は
タカミムスビとかカンミムスビと呼ばれます。ミムスビは襲名らしく、
「五代ミムスビがイサナキ（ミハタの〈2〉）」で、「六代ミムスビはヤソ
キネ（ミハタの〈4〉、〈6〉）」です。ヤソキネはイサナキの甥（ミハタ
の〈7〉）です。フトタマはホノアカリに重宝されて、ハネの大臣にな
り、飛鳥宮でホノアカリの治政を助けます。

　参拝するには、久里浜港からフェリーで浜金谷港へ、そこから歩いて
15分で、JR金谷駅、そこから電車で、25分くらいで、館山駅に立つこ
とが出来ます。安房神社へのバスの便が非常に悪くて、30分に1本程

度です。でも、安房神社前というバス停があって結構有名なようです。神社も立派で、手が入っています。多くの人が参拝には自動車で来るようです。駐車場も立派でした。

　本殿は神明造です。参拝処は南側です。鰹木は6個です。境内には、数千の人骨を包含した竪穴洞窟遺跡があります。阿波の忌部神社の近くにも、円墳遺跡があります。何かの因縁を感じますが定かではありません。

　安房は阿波と同音です。阿波には忌部神社があります。フトタマが忌部氏と関わりのあることを暗示しているようですが、関東のこの地にフトタマを祭ることになった由緒はわかりません。

3-1-10　忌部神社

　タカミムスビの五代神であるイサナキは自分のことを「アワ君（ミハタの〈5〉）」と呼んでいます。また、瀬戸内海沿岸を制覇したときは、

売 上 カ ー ド

発行

東京図書出版

発売

リフレ出版

ホツマを伝える神社　本殿の建造様式

小島敬和　著

9784866413266

ISBN978-4-86641-326-6

C0021 ¥1400E

定価 1,400円+税

「アワを胞衣（エナ）として（ミハタの〈3〉）」います。つまり、ホツマ王朝の出発点は阿波です。徳島県の吉野川北岸に阿波があります。

　かつて、この辺りは麻殖郡でした。四国唯一の新嘗神社である阿波國麻殖郡忌部神社は戦乱で混乱し、確実に比定されたわけではないということですが、所在地が吉野川市山川町忌部山ということで、山川町の忌部神社に比定して良いと思います。阿波とミムスビと忌部の関係は深いと思われますが、ホツマでは、「インベ」は非常に陰が薄いのです。「神の床戸は忌部臣（ミハタの〈30〉）」とか「播磨氷川に忌部主（ミハタの〈32〉）」のようにサラッと出てくるだけです。現在ある忌部神社はその物ではなくても、建造当時の何かが残っていると思います。吉野川ブルーラインの「山瀬駅」から徒歩で15分くらいです。畑の脇の小道を南に上ると鳥居があって、その先に神明造の本殿があります。でも、本殿は南北に建っています。拝殿は東側にあります。拝殿の前へは舗装道路が下から上っています。つまり、この本殿は回転しています。遷された可能性があります。でも、明らかに神明造です。鞭懸があります。修理した白木が痛々しい社です。

　祭神は天日鷲神です。Wikipedia には、この神の名が日本書紀の天の岩戸伝説に出てくるとありますが、出てきません。ただ、日本書紀には天太玉命が忌部の遠祖として、岩戸伝説に出てきます。ホツマツタヱでは両方とも天の岩戸伝説には出てきません。ホツマツタヱの天の岩戸伝説に出てくるのは、オモイカネとツハモノヌシとカナサキとタチカラオとウスメ等です。

　安房神社が祭るフトタマはミムスビの子で、ミムスビは阿波の君イサナキです。天日鷲と太玉が同じと考えても矛盾しません。忌部氏は大陸から麻の種を携えて来た人々です。イサナキの「國生み」は「アワ」の歌と麻の植樹を伝えたのではないでしょうか？

3-1-11　木嶋神社
山城國には新嘗神社が並祠を入れず26社もあります。その中で唯一

の神明造新嘗神社が木嶋神社です。京都の嵐電に「蚕ノ社」という駅があります。私はこの駅の次の駅「太秦広隆寺」で降りて、「広隆寺」へよく行っていました。また、一つ前の駅「嵐電天神川」は地下鉄東西線「太秦天神川」での乗り換えによく利用します。京都での宿泊が全日空ホテルの時、都合が良いのです。滅多に降りない「蚕ノ社」で降りたのは、木嶋神社の祭神が「天照御魂神」だからです。崇神期にトヨスキ姫が宮中から笠縫、與謝、伊勢飯野と遷した「天照神御魂」を祭っているのです。トヨスキ姫が與謝から伊勢へ行くとき、途中で山城に入ったのかもしれません。但し、ホツマツタヱにあるトヨスキ姫の御魂遷しの旅は、「アウミヨリ　ミノオメグリテ　イセイイノ（近江より　美濃を廻りて　伊勢飯野）（ミハタの〈36〉）」となっていて道順が違います。

　京都から與謝へ行くのは、小式部が歌った「大江山いく野の道の遠ければまだふみも見ず天の橋立」の「生野の道」を行くのが典型的です。

京都から国道９号で、福知山、そこから北へ大江山を越えていくのです。伊勢から京都までは伊勢街道を明日香へ、そこから国道169号を京都へと行けば良いのです。でもトヨスキ姫はこの道順を使わなかったようです。伊勢湾の西沿岸の平野部を進み、美濃を通って琵琶湖の東沿岸を敦賀へと抜けたのでは無いでしょうか？

　この神社が「神明造」なんて思ってもみませんでした。Wikipediaにも本殿の建造様式は載っていません。本殿は拝殿の後ろに隠れるようにして有ります。参拝処は南側です。拝殿と木が邪魔してしっかりとは撮れないのですが、明らかに神明造です。延喜式神名の山城國葛野郡木嶋坐天照御魂神社です。

3-1-12　廣田神社
祖父母が芦屋川に住んでいて阪急電車の西宮北口を通っていたのです

が、降りたことはありません。新大阪から地下鉄で西中島南方へ、そこで阪急の南方へ、そこから阪急の西宮北口へと、経路は複雑ですが、時間はかかりません。西宮北口からバスで、廣田神社前まで5分くらいです。コンクリートの鳥居をくぐって、木や柵が邪魔して写真を撮るのは難しいのですが、確かに、御本殿は鰹木6本の神明造です。

　由緒には「日本書紀に、神功皇后が、海外遠征の勝利は廣田大御神のお陰であるから、帰途、創祀したとある」とありますが、日本書紀は少し異なります。朝鮮征伐の帰途の途中、皇后の船が進まなくなった時、天照大神が「自分の荒魂が、宮中にはなくて、廣田の國にある」と誨え祭ったので、葉山媛に荒魂を祭らせたということです。西宮は攝津です。廣田神社は延喜式神名の攝津國武庫郡廣田神社に比定できます。ホツマツタヱにこの神社は出てきませんが、オシホミの御世に「ムカツ姫がヒロタに行く（ミハタの〈28〉）」とあります。神がかった叙述で、詳しい意味がわからないのですが、続いて「ワカ姫と　共にヰ心　守るべし」とあり、何やら宗教的なにおいがします。また、垂仁天皇の御世、「ミマナのヒボコが宝を但馬に納めた（ミハタの〈35〉）」というので、「オオトモヌシとナガオイチをヒボコが居る播磨に遣って聞いた（ミハタの〈35〉）」という記述があって、但馬と播磨を結ぶ南北線より東はホツマ王朝の支配下にあったと言えます。そして、西の拠点が廣田神社ではなかったのかと思います。ホツマの記述は景行天皇までで、神功皇后は登場しません。残念です。

3-2　流造神社

3-2-1　鹿嶋神宮

　由緒には「祭神は武甕槌で、創建は神武元年」とあります。ホツマツタヱでは、タケミカツチはアマテルの御世にフツヌシと共に「ハタレ（謀反者）」を討つのに活躍した人物です。その功績で、「タケミカツチはナル神にフツヌシはカトリ神（ミハタの〈8〉）」になります。その

　後、ミカツチとフツヌシはイツモのオホナムチを帰順させます。この功
績で「ミカツチはカシマ神（ミハタの〈10〉）」となります。さらにホツ
マツタヱには「カシマ神の娘とカトリ神の甥コヤネが結ばれ、二人の間
の子の出産にオシホミはヒタチ（日経ち）の帯を送り、それが大和のカ
シマ宮とカトリ宮に納められる（ミハタ〈16〉）」という逸話がありま
す。ホツマツタヱでは、常陸の鹿嶋神宮と下總の香取神宮の創建かリ
ニューアルは、ずっと後のヤマトタケ（日本武尊）の東征の時になりま
す。伊勢から舟で大磯へ、それから安房、上総、常陸へと進軍したヤマ
トタケは鹿嶋ヒデヒコ、香取トキヒコ、息栖オトヒコに幣を与えます
（ミハタの〈39〉）。関東の鹿嶋神宮・香取神宮・息栖神社は不思議に二
等辺三角形で繋がります。ヤマトタケ東征の時に創建あるいはリニュー
アルされたのが鹿嶋神宮と香取神宮と思います。不思議なことに息栖神
社は延喜式神名に載っていません。しかも本殿は入母屋造です。鹿嶋神
宮と香取神宮は流造ですが、鹿嶋神宮には、真ん中と千木にくっつくよ

うにしか鰹木が載っていません。また、参拝処は北側にあります。屋根面から向拝が出ています屋根は檜皮葺です。現在の建物は徳川秀忠により造営されたと Wikipedia は伝えます。アクセスは東京駅からバスで２時間、または、東京駅から JR 電車を乗り継いで２時間半です。

3-2-2　香取神宮

　由緒には「祭神は経津主大神で、創建は神武十八年で、現在の社殿は元禄十三年の造営になる」とあります。JR 鹿嶋線の香取駅から歩いて30分くらいで、「歓迎」の門に着きます。ここを通り神宮前の茶店街を通り抜け参道に入り、朱色の総門を潜り抜けて、拝殿に辿り着くのに結構時間が掛かります。本殿は鰹木６本の流造です。屋根は檜皮葺です。拝殿と本殿が一体となっていて、この造を権現造といいます。江戸時代に造営された神社の造はほとんど権現造です。Wikipedia によると、周りにはいろいろなパワースポットがあるそうですが、行きませんでし

た。

　周囲には田んぼが広がっていて、なんとも素朴な景色の中に神社はあります。日本書紀では「経津主の祖五百箇磐石は、イサナキがカグチを斬った血から生まれた」ことになっています。けれども、ホツマツタヱにはその逸話がありません。「魂返しハタレ討つアヤ（ミハタの〈8〉）」で二人が強い男として突如登場します。そして大活躍をします。鹿島神と香取神の話は春日造で詳しく述べます。

　この他の伊勢以東の新嘗神社は三島大社と氷川神社ですが、三島大社に関係した逸話はホツマツタヱに出てきません。

3-2-3　氷川神社

　延喜式神名では「武蔵國足立郡氷川神社」となっています。流造新嘗神社です。ホツマツタヱでは、坐処まで示しています。ヤマトダケの東征の帰り、武蔵のカワアヒの野に「大宮」を建て氷川神を祭らせたとあります。Wikipedia には「大和武尊の東征時、須佐之男命を勧請した説（吉田兼永）」があるとあります。ホツマツタヱでは、大宮を建てる前に、ヤマトダケはオトタチバナを忍んで、「ツカリアビキ（ツカリ網引）」の祭をします。ここで、ソサノオの大蛇を「ツカリヤスタカ神」とし、大磯に宮を造ってこの神を祭ります。この宮を守っていたハナヒコ（ヤマトタケの諱）が、自分の「サキミタマ」を知食するために大宮を建てた（ミハタの〈39〉）となっています。「サキミタマ」は「幸御魂」ではなく「先御魂」で、「祖先の御魂」ではないでしょうか？　ホツマで「サキ」は「以前」という意味で使われます。諱ハナヒコはヤマトダケです。タリヒコ（景行天皇）とオイラツメの間に産まれた双子の弟、小碓皇子です。また、ホツマツタヱでは「ヒカワカミ」は「ソサノオ」です。「ソサノオが心を改めて我が儘が消えたので、アマテルがヒカワカミを命じたので、ハタレを討った（ミハタの〈9〉）」という逸話が載っています。記紀には全く存在しない逸話の断片が伝わっていることを思わせられます。ヤマトダケが何故ソサノオを祭ったのかは、ミハ

タの（39）にあります。東征に出る前、ヤマト姫の所に暇乞いに行った
とき、姫から賜った「ムラクモ劔」の故ではないかと思います。ヤマト
ダケが、この劔で、蝦夷に火を付けられた野原の草を刈り、迎え火を付
けて蝦夷を討ったという「草薙の劔」ですが、これはソサノオが八岐大
虵から取り出した劔です。

　JR大宮駅から線路沿いに北へ少し行くと一番街商店街に出ます。そ
こを抜けて、さらに、一宮通りを進むと参道に出ます。ここまで10分
もかかりませんが、参道がものすごく長いのです。由緒書きが無く、明
治天皇との関わりが絵と文で、長々と続きます。鰹木５本、置き千木の
流造です。南へ延びた屋根に参拝処へ繋がる屋根が突き刺さっていま
す。南へ出た屋根に千木はありません。

　蛇足ですが、ミハタの（39）には「多摩川」、「武蔵國」、「相模國」が
出てきます。君（ヤマトタケ）が相模の田地に至るとき、野に片鐙をと
られて、考えて、鐙を挿して玉飾りとします。その村の名が「タマガ

ワ」で、「ミサシクニ」、「サカムノクニ」と名付けて、モトヒコを國神にしたという語呂合わせみたいな逸話が載っています。現在の氷川神社の祭神は、須佐之男命とその妃稲田姫、そして出雲の主大己貴命です。

3-2-4　上賀茂神社（賀茂別雷神社）

　祭神は賀茂別雷大神です。「ワケイカヅチ」は古事記・日本書紀には出てきません。Wikipedia は、「山城國風土記逸文に、玉依比売が加茂川の川上から流れてきた丹塗矢を床に置いたところ懐妊し産んだのが賀茂別雷命であるとある」と伝えます。「丹塗矢の正体は乙訓神社の火雷神である」とも伝えます。山城國乙訓郡にあるのは乙訓坐大雷神社です。この神社は加茂川の川下にあります。この上賀茂神社のパンフレットによると玉依姫と丹塗矢の子は、「我が父は天津神なり」と言って雷鳴とともに天に昇り、後、降臨したとあります。

　内容は違いますが、ホツマツタヱにも似たような逸話があります。タマヨリヒメは、カワイ（川合：加茂川と高野川の合流地）の領主カモタケツミとイソヨリヒメとの間の子供です。両親が早くに亡くなったので、ワケツチカミに詣でて仕えます。或る日、禊ぎをしていると、白羽の矢が来て軒に刺さります。そのままにしておくと子供が産まれます。その子が三歳の時、矢を指して「父」と言うと矢は天に昇ります。白羽の矢はワケイカッチの神です。そして「ワケイカッチノ　カミナリト　ヨニナリワタル　ヒメミコオ　モロカミカエド　ウナヅカズ（別厳土の　神なりと　世に鳴り渡る　姫皇子を　諸神カエド　頷かず）」なので、「タカノノモリニ　カクレスム（高野の森に　隠れ住む）」となります。「カエド」が分かりませんが、諸神が認めなかったということのようです。その後、森に五色の雲が湧き上がり諸神も無視できなくなるのです。タマヨリヒメがカモヒトの内女になったとき、カモヒトの皇子「ミケイリミコ」になります。タケヒトヤマトウチの途中、熊野灘の船行きで、旋風船を漂わすとき、海を鎮めるために海に身を投じます。

　ホツマツタヱで「ワケイカッチの天君」はニニキネです（ミハタの

〈24〉）。ニニキネは伊勢以東を富士の裾野まで開墾し新田を増やした天君です。その様子が「ワケイカツチ」であるということです。ミハタの（24）のその部分を原文で載せます。

「アメハフリテリ　マツタキハ　イカツチワレテ　カミオウム　コレト　コタチノ　サラノキヅ　ワケイカツチノ　アマキミト　オシテタマワル　ヒロサワオ　オオタニホラセ　クニトナス（雨は降り照り　マツタキは厳土割れて　神を産む　是常立の　更の厳　別厳土の　天君と　押手賜る　広沢を　大谷掘らせ　國と為す）」とあります。

「イカ」も「イヅ」も「厳」の意味ととれます。頑丈な土（岩）を「別ける（砕く？）」のです。「イカツチワレテ」は「ワケイカツチ」と同義でしょう。「マツタキ」の意味が分かりませんからどのようにして頑丈な土を別けたか想像できませんが、ニニキネは「井堰」や「堤」を造り、川の水を引き込んで野原を田畑にした君です。ホツマツタヱでは「ワケイカツチ」は「別厳土」です。「別雷」ではありません。

　上賀茂神社での特別参拝は、本殿と同じ造の権殿（常設の仮殿）だけの拝観でした。廊下の屋根が邪魔をしたのです。正殿と権殿は東西に並んで建っていて、真ん中に廊下があります。パンフレットには権殿も本殿も写真は載っていません。建造様式は下鴨神社と同様な３軒流造です。ただし、大棟の一ツ木の端が妻側に出ているのですが、下鴨神社は一本の円筒ですが、上賀茂神社は３本の円筒です。庭の西側から僅かに見えたので写真に撮りました。

　垂仁天皇の御世に、タタネコが「カモ」に行き、「ニギテとワカとヒトクサオをワケイカツチが守るので、御世が治まっている」のを知るのです（ミハタの〈37〉）。「ニギテ」が分かりません。「ワカ」は「アワ歌」でしょう。「ヒトクサ」は三種の神器のうちの「ハハ矢」でしょう。タケヒトヤマトウチでニギハヤイとタケヒトが所持していた３種の神器の一つです。３種の神器はオシホミミがアマテルより賜った「ヤトヨの幡」、「ハクワ弓」、そして「ハハ矢」です。ワケイカツチが「ニギテ」と「アワの歌」と「１種の神器」を守るから賀茂の地は平穏であると

した後、「カモノミヤ　アルルオフシテ　オモミレバ　カモトイセトハ
ミオヤナリ　スデニヤブレテ　イヅホソシ　マモリホソキハ　オトロヒ
カ（賀茂の宮　在るるを伏して　おもんみれば　賀茂と伊勢とは　御祖
なり　既に破れて　イヅ細し　守り細きは　衰いか）」とミハタの（37）
は続きます。タタネコが賀茂社が破れているのを垂仁天皇に伝え、天皇
は「カモヤシロ」を更に造ります。

3-2-5　下鴨神社（賀茂御祖神社）

　賀茂別雷神社のところで述べたように、タタネコが「カモの宮」を伏
して見上げて、「賀茂と伊勢とは御祖なのにカモの宮は衰えている」の
を知るのです。それを垂仁天皇に伝えると、天皇が聞こし召しタタネ
コの孫クラマロを祝い主にし、カモ社の名を「オオカモ」とし、新し
い「カモヤシロ」を造らせます。賀茂御祖神社の名前は明治４年に定め
られて、それまでは賀茂大神宮（カモノオホカミノヤシロ）と称されてきたとパンフレットにあり
ますが、上賀茂神社が賀茂大神宮とするほうがホツマツタエの記述に合

います。ミハタの（37）に「カモニミユキノ　ミチツクリ（賀茂に御幸の　道造り）……ミヤコデテ　フカカアイ　ミテクラオサム　ミオヤカミ（都出て　二日川合　幣帛納む　御祖神）……ミカキブネヨリ　カモニユキ　ワケイカツチノ　オホカミニ　ミテグラオサメ（三日貴船より賀茂に行き　別厳土の　大神に　幣帛納め）」となっています。祭神についてパンフレットでは「賀茂建角身命」と「玉依媛命」となっています。ホツマツタヱでは「カモヤシロ　サラニツクラセ　ネツキモチ　ミオヤワタマシ　アスソムカ　ワケイカツチノ　ミヤウツシ（賀茂社　更に造らせ　ネ月望　御祖渡まし　明日十六日　別け厳土の　宮遷し）」となっていて、御祖神と別厳土神が祭神です。

　延喜式神名には山城國愛宕郡賀茂御祖神社二座となっています。「ミオヤアマキミ」はタケヒト（神武天皇）の父カモヒト（鸕茅葺不合尊）です（ミハタの〈29〉）。ただ、カモヒトは近江の多賀にいて、その後、宮崎を治めました。「ワケイカツチ」の天君はニニキネです。ニニキネは伊勢のニハリ宮で國を治めた後、近江のミヅホの宮に遷宮しました。山城（川合の地）との関係は「カモタケツミ」と「タマヨリ」の方がありそうですがどうでしょう。

　賀茂健角身命は玉依姫の親で、ホツマツタヱの「カモタケツミ」です。「タケツミ」は、海宮遊幸で、ウツキネ（彦火火出見尊）が鉤を探して、筑紫に行ったとき、訪れたハデ神の子供です。ハデ神の娘の豊玉姫はウツキネの妃となりカモヒトを身ごもります。ウツキネは筑紫に行く前から大津シノ宮に居ます（ミハタの〈25〉）。だから、帰ったウツキネを追って、ハデツミ（ハデ神）一家は近江に出てきます（ミハタの〈26〉）。タケツミは豊玉姫を扶養するために、ウツキネから山城のカワアイの國を賜ります（ミハタの〈26〉）。それからは「カモタケツミ」となります。「妃を賀茂妻に」というカフの殿の詔によりイソヨリ姫を娶り玉依姫を設けます（ミハタの〈27〉）。だからカモヒトと玉依姫はいとこ同士です。いとこ同士の間にタケヒト（磐余彦：神武天皇）が産まれたということです。カモタケツミとイソヨリはタマヨリを産んで二人と

も早死にをし、カアヒの神になります（ミハタの〈27〉）。下鴨神社の摂社に河合神社があります。祭神は玉依姫です。鴨川合坐小社宅神社に比定されますが、情報が少なく検証できません。

　下鴨神社本殿は撮影禁止なので、パンフレットの写真を載せます。シンプルな流造です。山城國の神社は上賀茂神社と下鴨神社の建造様式を追随しているのではないでしょうか。千木も鰹木も持たない流造です。

3-2-6　貴船神社
　タタネコがカモの宮に行く前に、キブネに行きます。ミハタの（37）です。

```
カミウタオ　キキテタタネコ　イワクコレ　マヨフユエナリ
イマヨリゾ　モモカモフデテ　キタリマセ　ワレハカラント
ユクキブネ　タタネコガウタ　アワウミノ　アヅミノカミト
スミノエモ　トモニキブネノ　マモリカミカナ
```

（神歌を　聞きてタタネコ　曰くこれ　迷う故なり　今よりぞ
百々日詣でて　来りませ　吾計らんと　行くキブネ　タタネコが歌
アワウミの　アヅミの神と　スミノヱも　共にキブネの　守り神か
な）

　タタネコが三輪から山城に出かけるのが、垂仁33年です。32年には、
妃ヒハス姫が亡くなり、その墓に生人でなく埴輪を埋めた話がありま
す。34年には、大亀を突いたら石になったことによりカマハダトベを
妃に迎えます。この二つの逸話は日本書紀にも記されていますが、33
年の逸話はありません。理由が分かりません。ホツマツタヱの叙述か
ら、貴船神社に祭られるべきは「アヅミ」「スミノヱ」です。二神とも
筑紫の神です。「アヅミ」は「志賀の海神」です。「スミノヱ」は「住吉

神で、カナサキ」です。現在、貴船神社に祭られているのは、「本宮に高龗神」、「奥宮に闇龗神」、そして、「中宮に磐長姫命」です。高龗神、闇龗神はイサナミを焼き殺したカグツチをイサナキが斬ったときに生まれた神です。日本書紀に出てきます。ホツマツタヱでは、イサナミが死の直前に生むのは土の神ハニヤスと水の神ミヅハメだけです。「磐長姫」はホツマツタヱに「イワナガ」として出てきます。ニニキネの妃「アシツ姫」の姉です。オオヤマスミの娘です。母親がイワナガ姫を妃にしようと企み、失敗します。龗神とは時代が違います。

　奥宮の由緒には「反正天皇の時代に、玉依姫命が黄色い船に乗って浪速から淀川、鴨川、貴船川を遡って当地に上陸し、水神を祭ったと社伝にある」とあります。貴船神社は賀茂川の上流貴船川沿いにあります。貴船川を真南に下ると加茂川にでます。さらに下ると加茂川と高野川の合流地点「カアイ」に出ます。「カアイ」には下鴨神社があります。クシタマホノアカリ諱テルヒコの大和平定の道順は「ヒタカミを出て、熊野に寄って、浪速から、カモに至り、そこから、斑鳩そして飛鳥に着く」という道順です。「カモ」の地は「カアイ」です。「カモ」から北へ「キフネ」に入っても良さそうです。「キフネ」の北は丹波高地が横たわっていて進むのが難しく、南へ下ったのではないかと思います。奥宮には「黄船を、人目を忌みて小石で覆ったと伝わる」御船形石があって、本宮より由緒ありそうなので、奥宮の写真を載せます。檜皮葺の流造です。本来祭られるべき「アヅミ」と「スミノヱ」が祭られていない理由はわかりませんが、二神とも筑紫の豪族です。筑紫にはホツマ王朝とは異なる王朝の流れがあって、それを嫌って、後世、逸話を書き換えたのではないでしょうか？　筑紫の豪族は「シマツヒコ」で、その７代目のカナサキ（スミノヱ）の子供のハデツミの子供が「カアイ」の主カモタケツミとトヨタマ姫です。つまり、カモの地は筑紫王朝の浸透した地と思えます。

3-2-7 多賀大社

「お伊勢参らば、お多賀へまいれ、お伊勢お多賀の子でござる」と多賀大社前駅の待合室に書いてあります。多賀大社の祭神はイサナキとイサナミと伝えています。ホツマでは、イサナキは「アワチの宮に隠れた（ミハタの〈6〉）」となっています。日本書紀では「淡路の洲に宮を造って『隠れた』」となっています。ホツマで「淡路」は「アハチ」です。だからアワチは淡路ではありません。ミハタの（13）に「チチヒメモ　ノチニハイセノ　オオカミニ　ツカエスズカノ　ミチオエテ　イセトアワチノ　ナカノホラ　スズカノカミト（チチ姫も　後には伊勢の　大神に　仕え鈴鹿の　道を得て　伊勢と『アワチ』の　中の洞　鈴鹿の神と）」とあり「伊勢とアワチの真ん中に鈴鹿がある」から「アワ

チ」は近江です。ミハタの (13) では、さらに「コトハオハレト　イキ
オヒハ　アメニノホリテ　オオカエス　アヒワカミヤニ　トトマリテ
ヤミオタシマス　タガノカミ（事は終われど　勢いは　天に登りて　大
変えす　アヒ若宮に　留まりて　闇を足します　多賀の宮）」というこ
とになっています。「アワチ」イコール「近江」は、ニニキネの宮遷し
でもっと明確になります。ミハタの (25) です。「ワケイカツチノ　ア
マキミハ　フカキオモヒノ　アルニヨリ　オオシマオシテ　アワウミ
ノ　ミツホノミヤオ　ツクラシム（ワケイカツチの　天君は　深き思い
の　在るにより　オオシマをして　アワ海の　瑞穂の宮を　造らしむ）」
とあります。アワ海とアワ地ではないかと思います。この後、ミハタの
(27) では「アマテルカミノ　ミコトノリ　トカクシオシテ　ワカミマ
コ　タガノフルミヤ　ツクリカエ　ミヤコウツセバ（アマテル神の　詔
トカクシをして　吾が皇孫　多賀の古宮　造り替え　都遷せば）」とな
るのです。さらに、ミハタの (28) では、「ミコカモヒトハ　ヒツギウ
ケ　ミヅホオウツシ　タガノミヤ（皇子カモヒトは　日嗣受け　瑞穂を
遷し　多賀の宮）」となります。ニニキネ、ウツキネ、そしてカモヒト
と三代近江の地で國を治めたのです。ところが、延喜式神名では「多賀
大社」に比定されるのは「近江國犬上郡多何神社二座」で、格がありま
せん。Wikipedia では本殿の建造様式は大社造となっていますが、実物
は流れ造です。本殿は拝殿と塀に囲われていて拝観しにくいのですが、
東側のお稲荷さんとの間に空き地があって、そこから屋根の東側が少し
拝観出来ます。明らかに平入です。参拝処の方に屋根が向拝となって延
びているのが分かります。

3-2-8　飛鳥坐神社

　延喜式神名では飛鳥坐神社四座となっています。Wikipedia では、事
代主神、高皇産靈神、飛鳥神奈備三日女神、大物主神の四座で、飛鳥神
奈備三日女神は賀夜奈美の御魂という説があるとなっています。高皇産
靈神以外は、延喜式祝詞に出てきます。何故か出雲國造神賀詞奈流に出

てきます。「倭大物主櫛甕玉命と名のり称して、大御和の神奈備に坐、この命の御子阿遅巣伎高孫根命の御魂と葛木の鴨の神奈備に坐す事代主命の御魂と宇奈提に坐す賀夜奈流美命の御魂と、飛鳥の神奈備に坐して」とあります。飛鳥の神奈備には、大物主と高孫根と事代主命と賀夜奈流美命が祭られているということです。高皇産靈を高彦根とすれば一致します。

　辞海によると神奈備は「神社の森。神の住む限られた神聖な場所」だそうです。延喜式神名には大和國葛上郡鴨都波八重事代主命神社二座があります。また大物主は三輪の大神神社に祭られています。この逸話をホツマツタヱではどう伝えているでしょうか？　タケヒト（神武天皇）

は、ナガスネを成敗して、モノヌシの助言で橿原に宮を造った後で、淡路の事代主と玉櫛姫との間の娘「ヒメタタラ五十鈴姫」を妃とするのです。

　そして、事代主を恵比寿神にし、事代主の孫のクシネを縣主にし、社を造ります。ミハタの（29）です。「ヒメタタラ　イソススヒメハ　クニノイロ　アハミヤニマス　コレヨケン　スメラギエミテ　キサキトスコトシロヌシオ　エミスカミ　マコノクシネオ　アガタヌシ　ヤシロツクラス　メノブソカ　マツルオオミハ　カンナミゾ（ヒメタタラ　五十鈴姫は　國の色　淡宮にます　是良けん　天皇笑みて　妃とす　事代主を　恵比寿神　孫のクシネを　縣主　社造らす　メノブ十日　祭る大三輪　神奈備ぞ）」

　事代主と大物主が祭られた神社は飛鳥坐神社が自然です。Wikipediaによると、現在の社殿は平成13年に丹生川上神社上社が大滝ダム建設に伴い移築するに際し、旧社殿を譲り受け再建したとあります。丹生川上神社には上社と中社と下社があります。上社は明治初年までは高龗（タカオカミ）神社という小規模な社であったということです。また大滝ダム（2004年完成）建設による発掘調査で、縄文時代の祭祀遺跡と思われる遺跡が出土したということです。大滝ダムは吉野川にあり、高龗神は、日本書紀の一書に、イサナキがイサナミの死因となったカグツチを斬った劔から滴る血から生まれたとあります。また、別の一書にはそれが闇龗神であるとあります。この神は下社の祭神です。中社の祭神は罔象女（ミヅハメ）神です。日本書紀ではこの神も闇龗神と同様な生まれ方をしています。ホツマではイサナミの死の直前に生まれたのは土の神ハニヤスと水の神ミヅハメだけです。ミヅハメは水を司る神です。ミハタの（22）に「モシモキノミツ　クミタエテ　ミケツノサハリ　アラントキ　ミヅハメノカミ　アラハレバ　イテノシミヅオ　イサギヨク　アラタメカエテ　ヒトフルニ　ミカメモキヨク　マモルベシ（もしも井の水　汲み絶えて　御食つの障り　あらん時　ミヅハメの神　現れば　出での清水を　潔く　改め変えて　ヒトフルに　御甕も清く　守るべし）」とあり、

ミヅハメは井戸の守りと思われます。下社は丹生川沿いにあります。
Wikipediaによると、丹生川の流域には多くの井戸が湧出していたという
ことです。また、下社の傍の丹生山山頂には、祭祀遺跡と思しき矩形
石群が見られるということです。ホツマには、トヨタマがカモヒトを抱
いてワケツチの根のミヅハメの社に休んだという逸話（ミハタの〈26〉）
が出てきます。丹生山がワケツチとすると下社がミヅハメの社というこ
とになります。現在、罔象女神を祭神としているのは中社です。中社の
社殿は朱鳥4年（675年）に創建されたということです。Wikipediaには
下社の社殿についての説明はありません。飛鳥坐神社の本殿は立派な拝
殿の後ろにあって、辛うじて拝観できます。切妻平入がわかります。南
側の屋根も延びているように見えます。流れ造でしょう。拝殿が立派

で、典型的な春日造なので、それも載せます。この辺りの主流は春日造のはずで、丹生川上神社上社の移築前は春日造の本殿であったのが、拝殿に残っているのではないかと思っています。

　飛鳥坐神社では「おんだ祭」という奇祭が行われます。天狗や翁が竹で尻を叩いて回ったあと、途中いろいろあって、最後に、天狗と岡目の正常位での合体で締めくくられるという祭です。境内には男根（八坂神社）と女陰（金比羅村社）が祭られています。まさに性の宮です。ホツマには性の教書のような記述があります。最後にその原文を載せます。「オケ」は「ツキノオケ（月のオケ）」のように「月経」の意味もあれば「オケトトム（オケ留む）」のように「精液」の意味もあります。

　　　アルヒオカミガ　　オケトヘバ　　ヒメノコタエハ　　ツキノオケ
　　　ナガレトドマリ　　ミカノノチ　　ミモキヨケレバ　　ヒマチスト
　　　オカミモエミテ　　モロトモニ　　オガムヒノワノ　　トビクダリ
　　　フタカミノマエ　　オケトドム　　オモワズイダク　　ユメココチ
　　　サメテウルホヒ　　ココロヨク
　　　（或る日男神が　　オケ問えば　　姫の答えは　　月のオケ
　　　　流れ留まり　　三日の後　　身も清ければ　　日待ちすと
　　　　男神も笑みて　　諸共に　　拝む日の輪の　　飛び降り
　　　　二神の前　　オケ留む　　思わず抱く　　夢心地
　　　　醒めて潤い　　快く）

　起承転結の結は性のたしなみです。

　　　トコミキハマヅ　　メガノミテ　　ノチオニススム　　トコイリノ
　　　メハコトアゲズ　　オノヨソイ　　メガシリトツグ　　シタツユオ
　　　スエバタガヒニ　　ウチトケテ　　タマシマカワノ　　ウチノミヤ
　　　（床神酒はまず　　女が飲みて　　後男に勧む　　床入りの
　　　　女は言挙げず　　男の粧い　　女が知り嫁ぐ　　下汁を

　　　　吸えば互いに　打ち解けて　タマシマカワの　内の宮)

3-2-9　鏡作神社

　京都から近鉄橿原行き準急で55
分の田原本駅で降りて、北へ寺川沿
いに進むと1200mぐらいで着きま
す。平凡な瓦葺き流造で南向きの拝
殿の後に、色鮮やかな朱色に塗られ
た流造とも春日造とも言える鏡作神
社本殿が見えます。本殿が東西に建
ち、参拝処が南にあります。本殿の
屋根は、南に延びて向拝となってい
ます。南屋根面には切妻の破風があ
ります。ただし、破風は南側だけで
す。だから流造です。春日造の本殿
は春日大社本殿のように南北に屋根
となって北側にも破風が繋がっています。

　田原本駅の南隣駅は笠縫駅です。「トヨスキ姫が宮中からカサヌイに
アマテル神御魂を遷した（ミハタの〈33〉)」カサヌイの宮に合致しま
す。由緒にも「第十代崇神天皇のころ、三種の神器の一なる八咫鏡を
皇居の内にお祭りすることは畏れ多いとして、まず倭の笠縫邑にお祭
りし、更に別の鏡をお作りになった」とあります。また、社伝による
と、「崇神天皇六年九月三日、この地において日御像の鏡を鋳造し、天
照大神の御魂となす。今の内侍所の神鏡是なり。本社は其の像鏡を天
照國照彦火明命として祭れるもので、この地を号して鏡作と言ふ」と
Wikipedia は伝えます。鏡の実物を見ることは出来ないのですが、写真
をみることができます。籠神社も御祭神が火明命で、何かの因縁を感じ
ますが、分かりません。

　ホツマではミハタの（33）に同様の記述があります。二神を宮中で

　祭っていた崇神天皇は気が休まらないので、アマテル神はカサヌヒでト
ヨスキ姫に、オオクニタマはヤマベの里でヌナギ姫に祭らせて、マゴカ
ガミとマゴツルギを作らせ、二宮を造らせ、崇神６年９月16日夜にオ
オクニタマの、17日夜にアマテルカミの宮遷しを行ったことになって
います。

3-3　春日造神社

3-3-1　春日大社

　社伝によると、今から1300年程前、平城京鎮護のため武甕槌を御蓋
山に奉遷したのが始まりということです。そして、神護景雲２年（768
年）に四棟の神社が建造され、武甕槌命、経津主命、天児屋根命、比
売神が祭られたとあります。ホツマにミカサがでてきます。ミハタの
（28）に、アマテル神はウチツ宮に、トヨケはト宮に行くのを見送って
「カレカスガ　オクリテノチハ　ツトメオリ　ミカサヤシロノ　タマカ

エシ（故春日　送りて後は　勤めおり　ミカサ社の　魂返し）」となっていて、「ミカサ社」は春日の居宮です。この春日はアマテル期ですので、ツハモノヌシです。また、ニニキネの時代に、「ミカサヤマ　ナオハセノホル　カスガドノ（御蓋山　なお馳せ登る　春日殿）」とあります（ミハタの〈28〉）。この春日は天児屋根です。ミカサ社にはツハモノヌシ春日とアマノコヤネ春日が祭られていたということです。創建の時代はアマテルの時代です。記紀では何故「春日」なのか？　何故、四神が祭られたか？　が分かりません。ホツマツタヱに、明快に、答えがあります。一つはミハタの（8）です。ハタレの魂返し（転向）に功績のあった「ツハモノヌシ」は「シキアガタ（磯城縣）」と「アナシウオカミ（穴師ウオ神）」を賜ります。その地を「春日」と呼ぶことも賜ります。ホツマツタヱは主語が不明確な文が多いのですが、多分、アマテルから賜ったと思われます。「ツハモノヌシ」は「春日殿」になります。春日殿は「フツヌシ」の妹「アサカ姫」を娶って、「カスガマロワカヒコ（春日麿和稚彦）」が産まれます（ミハタの〈8〉）。ワカヒコはオシ

ホミから「アマノコヤネ（天
児屋根）」との改名と「カス
ガカミ（春日神）」を賜りま
す（ミハタの〈14〉）。クシタ
マホノアカリの大和平定で、
従軍した騎馬兵三十二人の中
に「コヤネトハ　カスガトノ
ノミコ（児屋根とは春日殿の
三子）」とあります（ミハタ
の〈20〉）。

　最初、御蓋社（ミカサ）にツハモノヌシ春日が祭られ、アマノコヤネ春日が祭ら
れていて、親戚関係から、いつしかフツヌシとタケミカツチが祭られ、
先代春日殿は何処かに遷されたということだと思います。

　JR奈良線で奈良駅まで行き、時間があったら歩けばいいのですが、
心配だったので、行きはタクシーを使いました。バスは停留所が遠く不
便です。帰りは歩いたのですが、奈良公園を気持ち良く歩けます。近鉄
奈良駅の方が近いです。特別参拝で、本殿近くまでは行けますが、本殿
は禁足地で、拝観することはできません。塀と木の隙間から、かろうじ
て本殿の北側を拝観することができ、塀と木に邪魔されながら撮ったの
ですけれど、春日造の全体の様子は分かりません。パンフレットでは南
北の切妻屋根が並び向拝が南へ出ています。北側から撮った写真で、北
側に向拝が出ていないのがわかります。入母屋屋根の妻入造（熊野造）
では背面にも向拝が出ています。

3-3-2　枚岡神社

　由緒書きには「紀元前663年に神武天皇の詔によって現在地の東方
の神津嶽に天児屋根命、比売御神の両神がお祭りされ、白雉元年（650
年）に、現在地に神殿を造営して遷された。その後、経津主命と武甕槌
命をお祭りした」とあります。Wikipediaには似たような記述がありま

す。ただ、最初、天種子命が祭ったことが加わっています。近鉄枚岡駅の東側の、神社がある方は小高い丘で緑です。西側は開けていて、都会の佇まいが見えます。

　ホツマツタヱに「ヒラオカの宮」が出てきます。クシミカタマとオシクモがナガスネを攻撃すると、逃げるので、河内に追っ払って、オシクモがヒラオカに留まり、「カスガ」を招き枚岡の社に祭って神となります。ミハタの（30）に「オシクモハ　カハチニユキテ　オシホヨリ　カスガオマネキ　ヒラオカノ　ヤシロマツリテ　カミトナル（オシクモは河内に行きて　忍穂より　春日を招き　枚岡の　社祭りて　神となる）」とあります。春日は天児屋根です。御蓋山から天児屋根春日を招いたということでしょう。他の３神は春日神社と同様に、後世に加わったと思われます。

　現在の春日大社は神護景雲２年（768年）に造営されていて、枚岡神

社は白雉元年（650年）に造営されているため、春日大社の祭神は枚岡
神社から遷されたという説がありますが、ホツマツタヱでは、枚岡神社
の祭神は春日大社から遷されたのです。

　ミハタの（30）のオシクモのナガスネ討伐に続いてタネコの筑紫の話
が出てきます。タネコがヨカミ（四神）を祭り、筑紫と内を治めます。
タネコの枚岡宮創建説はこの逸話と混同したのでしょう。枚岡宮の創建
はオシクモです。ナガスネ討伐の時だから、神武天皇即位の少し前で
す。これに関して社伝は合っています。

　枚岡神社は辛うじて春日造を写真で撮ることができます。春日大社と
異なり、参拝処が西にあります。残念ですが、裏（東）側を見ることは
できませんが、向拝がないことは大体分かります。春日大社も枚岡神社
も神武天皇即位以前に建てられていますが、崇神天皇期に建てられたと
ホツマツタヱが伝える神社があります。大和神社です。

3-3-3　大和神社

　崇神天皇の御世、大國魂を磯城瑞垣から遷しヌナギ姫に祭らせた山の
辺の神社（ミハタの〈33〉）と思われます。延喜式神名では大和國山邊
郡大和坐大國魂神社三座となっていて、主祭神の大國魂大神の他に二座
並祠されていますが、詳細不明です。社伝では、八千戈大神と御年大神
とあります。ミハタの（33）には、「アマテルカミハ　カサヌヒニ　ト
ヨスキヒメニ　マツラシム　オオクニタマハ　ヌナギヒメ　ヤマヘノサ
トニ　マツラシム　イシコリドメノ　マゴカガミ　アメヒトカミノ　マ
コツルギ　サラニツクラセ（天照神は　笠縫に　トヨスキ姫に　祭らし
む　大國魂は　ヌナギ姫　山邊の里に　祭らしむ　イシコリドメの　マ
ゴ鏡　アメヒト神の　マコ劍　更に作らせ）」と天照大神と大國魂大神
の遷宮には鏡と劍を更に作らせたとあります。この「イシコリドメのマ
ゴ鏡」と「アメヒト神のマゴ劍」を並祠してあると思えます。

　笠縫に遷った天照大神は鏡作だから、山辺に遷った大國魂大神は劍作
のはずです。劍が戈になったのかもしれません。一説では、並祠の２座

は天照大神と大物主大神としていますが、天照大神の御魂は笠縫に遷されているわけで、天照大神は違うでしょう。大物主は次の逸話から自然です。

　ホツマツタヱの逸話です。「メクハシとオオミナクチとイセオウミの夢に同時に、神のお告げがあって、オオタタネコをオオモノヌシの祝い主で大三輪の神とし、シナガオイチをオホヤマトクニタマカミの祝い主とする（ミハタの〈33〉）」のです。シナガオイチが何故大國魂の祝い主になったかはホツマツタヱでは分かりませんが、日本書紀ではヌナギ姫が体調を崩したためとなっています。その他の日本書紀の記述はホツマのそれとほとんど同じです。両方とも、市磯長尾市が大國魂を祭った神社はハッキリ述べてありません。オオモノヌシは三輪に祭ったので、祭った神社は三輪の大神神社でしょう。京都駅からJR奈良駅へ、それ

から桜井線の長柄駅へ、長柄駅から直ぐの処にあります。駅前の家並み
を抜けて、田んぼの中にあります。名前が同じということで戦艦大和の
艦内に分霊が祭られたということです。木々が多くて本殿を全体として
撮影することは出来ませんでしたが、参拝処が東にある単棟の春日造３
棟です。１棟だけ写せました。

3-3-4　櫛玉命神社

　延喜式神名では大和國高市郡櫛玉命神社四座となっています。由緒で
は櫛玉命、櫛玉姫命、天明玉命と豊玉命の四座です。ホツマでは櫛玉
命は火明命です。決定的な文があります。春日（ツハモノヌシ）が老
いて政を止めたいというので、オシホミミがホノアカリを大和に降臨
させる話のところです。「ミコハクシタマ　ホノアカリ　イミナテルヒ
コ　クダサント（皇子は櫛玉　火明　諱テルヒコ　降さんと）（ミハタ
の〈20〉）」とあります。櫛玉命は火明命（諱テルヒコ）です。ホノアカ
リは、磐楠舟を作らせて、熊野、浪速、賀茂、そして斑鳩に着いて宮を
造ります。その後飛鳥に宮遷しをします。この飛鳥宮が櫛玉命神社であ
ると考えます。本殿は単棟の春日造です。屋根は銅板葺です。同じ高市
郡に飛鳥坐神社四座がありますが、現存の飛鳥神社の祭神は事代主神、
加夜奈留美命、宇須多岐比女命、不足留比女命です。火明命とはほとん
ど縁の無い神々です。但し、ホツマには次のようなことが書いてあっ
て、飛鳥神社が飛鳥の宮である可能性を無視できません。ホノアカリの
斑鳩から飛鳥への宮遷しのところで「ツイニウツシテ　アスカガワ　ク
ルハニオリテ　ミソギナスカナ（遂に遷して　飛鳥川　クルハに降りて
禊ぎ為すかな）」とあります。飛鳥川に近いのは飛鳥神社で、櫛玉命神
社は高取川に近いのです。両川とも合流して大和川に注ぎ込みます。

　Google 検索（genbu.net）によると、「先代旧事本紀（聖徳太子や蘇我
馬子等が著した10巻からなる歴史書で、本居宣長らにより偽書とされ
た）には饒速日命は十種宝を持ち、多数の者を従えて天降ったが、櫛玉

命は属神として降った」とあるとあります。ホツマでは、大和平定に向かったのが「皇子クシタマホノアカリ諱テルヒコ」です。従軍した騎馬軍団32人の中に「クニタマはミムスビの四子」がいます（ミハタの〈20〉）が、「二」のよこに「シ」とホツマ文字が振ってあります。テルヒコは「クシヒコ」とも呼ばれ活躍しますが、ミムスビの子は上記一カ所しかでてきません。櫛玉命神社は「クシタマホノアカリ」の神社が妥当です。同じところに「フトタマはミムスビの三子」となっています。太玉命は「ハネの臣」としてテルヒコの側近となり活躍します。安房神社や、その名の太玉命神社に祭られています。ホツマツタヱで、天降ったのは「テルヒコ」で「ニギハヤヒ」ではありませんが、ニギハヤヒがテルヒコの死後十種宝を賜ったと記述されています（ミハタの〈27〉）。日本書紀では「饒速日命乗天磐船而翔行太虚（ニギハヤヒの命は天の磐

船に乗り大空を翔け廻った）」とあります。ホツマでは天の磐船で大空を翔け廻ったのは火明命（テルヒコ）です。しかも、本当に翔け廻ったというよりは、磐楠船で進む様子が大空を翔け廻るようだと言っているように思える表現です。ミハタの（20）には「ホオアケテ　オキハシルメハ　オホソラオ　ハルカニカケリ（帆を揚げて　沖走る目は　大空を遙かに翔けり）」とか「アマノイワフネ　オホソラオ　カケリメクリテ　コノサトノ　ナオモソラミツ　ヤマトクニ（天の磐船　大空を　翔けり廻りて　この里の　名をもソラミツ　大和國）」とあります。実際空を翔け廻る感じはしません。

3-3-5　矢田坐久志玉比古神社

　ホツマツタヱで、クシタマはテルヒコのことです。クシタマあるいはホノアカリを祭る新嘗神社が四つあります。籠神社、矢田坐久志玉比古神社、鏡作神社、そして櫛玉命神社です。大和盆地の三つの神社は近鉄橿原線の近くにあります。そして、それぞれの近くの駅である飛鳥（櫛玉命神社）、田原本（鏡作神社）、近鉄郡山（矢田坐久志玉比古神社）とは南北に一直線に繋がります。この先、北の直線上には下鴨神社（賀茂御祖神社）のある川合の地があります。南の線上には熊野本宮大社があります。これはホノアカリテルヒコが大和平定で進んだ道筋の逆です。それはミハタの（20）にあります。

「ミクマノノ　ミヤキオカミテ　ナミハヨリ　カモニテイタル　イカルガノ　ミネヨリトリノ　シラニハニ　アマノイワフネ　オホソラオ　カケリメクリテ（御熊野の　宮居拝みて　浪速より　賀茂にて至る　斑鳩の　峰より鳥の　白庭に　天磐船　大空を　駆けり巡りて）中略　イカルガノ　ミヤニウツリテ　ソノアスカ　ウテナニヨモオ　ノソムオリ（斑鳩の　宮に遷りて　その飛鳥　台に世もを　望む折）」

　大空を駆け廻るあたりは合理的な内容ではありませんが、「熊野」から、「浪速」に着いて、淀川を遡り、鴨川そして、加茂川と高野川の合流する「川合の地」すなわち、鴨に着くのは非常に合理的です。更に、

鴨から斑鳩へ、そして飛鳥へは北南に直線で繋がっています。

　矢田坐久志玉比古神社は大和郡山市矢田にあります。近鉄橿原線の近鉄郡山駅から徒歩30分です。ここは斑鳩といえなくもありません。道路に法隆寺まで31kmとあります。つまり、ホノアカリが大和平定で、飛鳥の宮の前に造った斑鳩の宮に比定できなくもありません。ホノアカリ（テルヒコ）はオシホミミとタクハタチヂ姫との間に産まれた皇子です。その弟がニニキネ（キヨヒト）です（ミハタの〈19〉）。記紀で活躍するニニキネが、ホツマでは影が薄く、ホノアカリが活躍します。ニニキネを祭った新嘗神社はありません。

　ホノアカリ（テルヒコ）とニギハヤヒの関係をホツマツタヱで詳しくみてみます。ミハタの（24）は伝えます。ニニキネとコノハナサクヤ姫の間には３人の皇子が産まれます。長男はムメヒトでホノアカリです。ホノアカリは襲名するようです。次男がサクラギでホノススミです。三男がヒコホホデミでウツキネです。サクラギが海幸彦で、ウツキネが山

幸彦です。記紀の山幸彦の海宮遊幸は有名な話です。この逸話はホツマにもありますが、省略して、ホノアカリ（テルヒコ）が死ぬところから始めます。原文で読んでいきます。ミハタの（27）です。

「トキニアスカノ　ミヤマカル　ハハチチヒメハ　ノチノヨオ　イセニハベレバ　オオンカミ　キオオナシクス　ツゲキキテ　ハハノナゲキハ　ツキモナヤ　カミノオシエハ　ハラミヤノ　クニテルオツギ　アマテラス　ニギハヤヒキミ　モニイリテ　シラニワムラノ　ミハカナス　ノチニトクサノ　ユヅリウケ　トシメクルヒモ　モニイリテ　アスカノカミト　マツリナリ（時に飛鳥の　宮罷る　母チチ姫は　後の世を　伊勢に侍れば　大御神　意を同じくす　告げ聞きて　母の嘆は　尽きも無や　神の教えは　ハラ宮の　クニテル御継ぎ　天照らす　ニギハヤヒ君　喪に入りて　シラニワ邑の　御墓なす　後に十種の〈宝〉　譲りうけ　年巡る日も　喪に入りて　飛鳥の神と　祭りなり）」

　ニギハヤヒはハラの宮の子で、十種宝を受け継いで、飛鳥の神となります。ハラの宮はニニキネの長男ムメヒトです（ミハタの〈25〉）。ムメヒトとタマネ姫との間の子がタケテルとクニテルです。ハラの宮の跡継ぎクニテルがニギハヤヒのようです。ホノアカリ（テルヒコ）に嗣子なく、ニギハヤヒ（クニテル）が十種の宝を受け継いで飛鳥の神になったという逸話です。神武東征においてナガスネに担がれるニギハヤヒもクニテルのはずです。ホノアカリはテルヒコであり、ムメヒトです。ムメヒトが襲名しています。

3-3-6　山口神社

　大和盆地には新嘗山口神社が14社あります。その内8社の祭神が「大山祇神」です。しかし、記紀には勿論、ホツマにも大山祇神と山口神社の関係が出てきません。記紀では大山祇は木花開耶姫の父親としてしか出てきません。ホツマでは、オオヤマスミはニニキネの富士の裾野開墾の逸話、ミハタの（24）に出てきます。その前に、ヤマスミがイサナキとイサナミの交わりに登場します。交わった後、「ココロヨク　ミ

ヤニカヘレバ　ヤマスミガ　ササミキススム（快く　宮に帰れば　ヤマ
スミガ　酒神酒勧む）」とミハタの（4）にあります。

　富士の裾野の開墾の後、ニニキネは帰途につきます。「タトナリテ
オヨブミヨタニ　ハタトシニ　サラエナセリト　サカオリノ　ミヤニイ
リマス　アツカリノ　オオヤマスミガ　ミアエナス（田と成りて　及ぶ
御世田に　畑としに　浚え為せりて　酒折の　宮に居ります　アツカリ
の　大山祇が　饗為す）」この饗でニニキネは大山祇の娘アシツ姫を見
初めるのです。姫は妊娠中に良い子が産まれたら「花よ咲け」と桜の木
を植えます。目出度く咲いて「コノハナサクヤ姫」となります。サカオ
リは甲府市酒折宮です。延喜式神名には出てきません。祭神は日本武尊
です。「ヤマトダケ」の東征の帰りの逸話（ミハタの〈39〉）に「オオト
モノ　サフライヨタリ　オイカハリ　ツクバニノボリ　キミトミモ　ッ

サヘテイタル　サカオリノ　ミヤ
ニヒクレテ　タビオソク（大伴の
侍四人　追い替わり　筑波に登
り　君臣も　ツサ経て至る　酒折
の　宮に日暮れて　旅遅く）」と
あります。その後で「タケヒコハ
ユキベオカネテ　カヒスルガ　フ
タクニカミト　コトオホム（タケ
ヒコは　行き辺を兼ねて　甲斐駿
河　二國神と　事を褒む）」とあ
り、酒折は甲斐國にある酒折と思
われます。

　大和國のほとんどの山口神社は山の麓にあります。そして、春日造で
す。祭神が大山祇で、本殿が春日造で、山の麓にある新嘗神社は次の5
社です。鴨山口神社（葛城山）、吉野山口神社（竜門岳）、長谷山口神社
（長谷山）、飛鳥山口坐神社（飛鳥山）、耳成山口神社（耳成山）です。

　延喜式祝詞に「飛鳥、石村、忍坂、長谷、畝火、耳無」の山口神社の
名が出てきます。その役割は「遠山近山に生立つ大木小木の本末打ち切
り皇居に奉る」こととあります。大山祇は出てきませんが、製材が主要
な役割のようです。ホツマツタヱにヤマズミの役目が出てきます（ミハ
タの〈22〉）。

「モシモミワサノ　アラントキ　スベヤマヅミノ　アラハレバ　タトヒ
ナガアメ　アブレテモ　ヤマハシゲキニ　モチコタエ　ナカレオフカク
ナスコトモ　ツネニイセキオ　マモルナリ（もしもミワサの　有らん時
スベヤマヅミの　現れば　例え長雨　溢れても　山は刺激に　持ち堪え
流れを深く　成すことも　常に井堰を　守るなり）」

　山川の守り神です。どうも酒折のオオヤマスミとは別人の気がしま
す。

　大和三山（香具山、畝傍山、耳成山）の一つ、耳成山の山口神社を掲

載します。理由は、もう一つの畝傍山口坐神社は、祭神が気長足姫で本殿が流造なのです。耳成山口神社の本殿は単棟の春日造です。大社造と比較するのにピッタリです。また、春日造の元のような飛鳥山口神社も載せます。

3-3-7　須佐神社

Wikipedia で「須佐神社」を検索すると、出雲國飯石郡にある須佐神社が出てきます。これは延喜式神名では小社です。そして本殿の建造様式は大社造です。この神社は後で述べるとして、「須佐神社有田市」とWikipedia で検索すると、有田市箕島にある須佐神社がでてきます。この神社が新嘗神社、紀伊國在田郡須佐神社と比定できます。Wikipediaによると、建造様式は春日造です。

紀伊國の神社には神仏習合のせいか入母屋屋根が多いのです。

入母屋平入の造は見分けが簡単ですが、入母屋妻入の造は正面から見ただけでは屋根と一体となった向拝を持つ春日造とそっくりです。入母屋屋根は下の寄せ棟部分が向拝になっているため、背面にも向拝を持ちます。この須佐神社は正面右からしか見ることが出来ませんが、背面の向拝はないように見えます。春日造です。ただし、参拝処は南西にあり不規則です。また由緒書きには「鎮座　和銅6年（713年）」とあり、新しいことを伝えます。屋根も銅板葺です。素戔嗚は紀伊國で育てられました。ミハタの（3）に、「オエクマニスツ　ヒルコヒメ　イマイツクシミ　タリイタリ　アメノイロトト　ワカヒルメ　ソサクニニウム　ソサノオハ　ツネニオタケビ（怯疫隈に捨つ　蛭子姫　今慈しみ　足り至り　天の色徒と　ワカヒルメ　ソサ國に産む　ソサノオは　常に雄叫び）」とあり、素戔嗚は素戔國で、蛭子姫から産まれたということになります。

さらにミハタの（5）では「ソサ國」が「キシヰ國」にあることが分かります。「ソサニイタリテ　ミヤツクリ　シツカニイマス　キシヰクニ　タチバナウエテ　トコヨサト　サキニステタル　ヒルコヒメ　フタ

タビメサレ　ハナノモト　ウタオオシヱテ　コオウメハ　ナモハナキネ
ノ　ヒトナリハ　イサチオタケビ（素戔に至りて　宮造り　鎮かに居ま
す　紀シ伊國　橘植えて　常世里　先に捨てたる　蛭子姫　再び召され
花の本　歌を教えて　子を産めば　名もハナキネの　人態りは　イサチ
雄叫び）」とあります。ソサに至ったのはイサナキです。「キシヰクニ」
が「紀伊國」であることは、日前神宮と國懸神社が紀伊國名草郡にある
ことから推定できます。
「キシイクニ　アヒノマヱミヤ　タマツミヤ　ツクレバヤスム　アヒミ
ヤオ　クニカケトナス　ワカヒメノ　ココロオトトム　タマツミヤ（キ
シイクニ　アヒの前宮　タマツミヤ　造れば安む　アヒ宮を　國懸けと
なす　ワカヒメの　心を留む　タマツミヤ）」とミハタの（19）は伝え

95

ます。「アヒ」は「日」です。「アヒノマエミヤ」は「日前宮」です。別名「タマツ宮」です。「タマツ宮」を造れば安らかになるのです。そこで、それまであった「アヒ宮」を「國懸宮」とするのです。

有田市に「ソサ」の痕跡を残す地名はありませんが、この神社辺りがソサ國と考えられます。

3-4　大社造神社

3-4-1　出雲大社

出雲大社は杵築大社ですが、「神社」と呼ばず「大社」と呼ぶのは延喜式神名に載っている並祠も含めた3132座の内、２座しかありません。大社と呼ぶのに新嘗神社より格の低い、名神大社です。もう一つの大社小槻大社は単なる神名（にある）神社です。小槻大社は近江にあって、この地の豪族於知別命を祭っています。出雲大社は延喜式神名には出てきません。

Wikipediaによると、1871年（明治４年）に杵築大社を出雲大社に改称したとあります。この時か、その前に、杵築大社と大穴持神社は合併したようです。延喜式神名の出雲大社に対する扱いは独特です。通常、摂社は単に個別の神社として扱われるのですが、杵築大社では「同社」が付きます。同社神魂伊能知奴志神社、同社大穴持伊那西波伎神社です。伊能知比賣神社は「同社坐」が付き、同社坐伊能知比賣神社です。また大穴持神社でも摂社として同社大神大后神社、同社神魂御子神社、同社神大穴持御子神社、そして、大穴持御子玉江神社が示されています。現在の出雲大社には瑞垣内摂社として御向社（大神大后神社）、筑紫社（神魂御子神社）、そして天前社（伊能知比賣神社）があります。出雲大社荒垣外の摂社として、大社町杵築東に大穴持御子神社と神魂伊能知奴の志神社が在ります。少し離れて大穴持御子玉江神社と大穴持伊那西波岐神社があります。「大穴持」が付く摂社が土着の神で、それ以外が中央の神と考えることが出来そうです。出雲と中央の融合という

　ことで、杵築大社でも、大穴持神社でも土着の神と中央の神が祭られていたのではないでしょうか。現在は「大穴持」のつく神の神社は全て荒垣外にあります。そして、「大穴持」のつかない神は中央の神ですので、その事を配慮して、比定を試みます。

　「神魂」は延喜式祝詞の出雲國造神賀に「高天能神王　高御魂神魂命（タカマノカミミオヤ　タカミムスビカミタマノミコト）」とあり、神魂伊能知奴志はタカミムスビすなわち「イサナキ」です。だからその伊能知比賣は「イサナミ」で、神魂御子は「アマテル」です。Wikipediaには「神魂伊能知奴志神社には神産巣日神を祭る」とあり、上記の推定に光を与えてくれます。大神大后神社の祭神は誰かが次の問題です。「大

神」とくれば大和三輪の大神神社が思い浮かびます。崇神天皇の御世に疫病が流行り、天皇が夢でオオモノヌシがオオタタネコに自分を祭らせよというので建てた神社です。この話の前に、オオモノヌシがモモソ姫を妻とした話があります。夜しか姿を見せないので、姫が姿を見たいと、朝、櫛笥（くしげ）を見るとオオモノヌシの小蛇がいたので、驚き恥じて、箸でホド（陰部）を突いて死んだ話があります。モノヌシは官名のようで、カグヤマはモノヌシとしてクシタマホノアカリの治政を助け、コモリはモノヌシとしてニニキネの治政を助けます。また、イナダ姫とソサノオの息子クシキネはモノヌシとしてオホナムチの治政を助けます。崇神天皇の時代のモノヌシはどんな人か記述がありません。延喜式祝詞の出雲國造神賀に「倭大物主櫛𤭖玉命　登名乎称天。大御和乃神奈備坐。（ヤマトノオオモノヌシクシミカタマノミコト（オオミ）　トテンニノタマウオオミワノカンナビニザス）」とあって、大物主が祭られている三輪がでてきます。大神大后は「モモソヒメ」でしょうか？

　祭神の中の大穴持伊那西波伎が日本書紀では「事代主に高皇産霊尊の使いとして詔を伝える役目」で登場しますが、ホツマツタヱでは、オホナムチがホツマ王朝の要求に関する答えをコトシロヌシに聞きに行かせた「キキス」として登場します。「イナセハキ」はオホナムチ側の人間です。大穴持の御子は事代主です。玉江の意味は分かりません。Wikipediaでは下照比賣が祭神とありますが、ホツマツタヱのシタテル姫はヒルコ姫か天國魂のオクラ姫です。オホナムチとは関係しません。

　オオモノヌシとホツマ王朝の関係を示す興味ある記述がミハタの（21）にあります。ニハリ宮を建てるときの詔です。「オオモノヌシガ　オヤノクニ　イツモヤエカキ　ノリオサム　ソノモトノリハ　サキカミノ　イサオシナレバ（オオモノヌシが　祖の國　出雲八重垣　法治む　その元法は　先神の　勲しなれば）」と、オオモノヌシの出自に触れています。ニニキネのモノヌシはコモリです。

　180人の國神を引き連れてオホナムチがホツマ王朝へ降伏します。「オホナムチ　アガルアソヘノ　ウモトミヤ　ツクルチヒロノ　カケハ

シヤ　モモヤソヌキノ　シラタテニ　ウツシクニダマ（オホナムチ　上がるアソへの　ウモト宮　造る千尋の　架け橋や　百八十縫いの　シラタテに　遷し國魂）」とウモト宮を出雲王朝とホツマ王朝の架け橋として造ったことが書かれています。ウモト宮は、多分、杵築大社でしょう。この後、「モノヌシクシヒコ」は妻にタカミムスビの姫のミホツヒメを賜ります。そして八十ヨロ神を司ります。本殿は瑞垣で、全体が見えません。参拝の入り口に本殿の写真がありました。それを撮影したのを載せます。

3-4-2　熊野大社

　延喜式神名には「熊野坐神社」が２社あります。出雲國意宇郡の熊野大社と、紀伊國牟婁郡の熊野本宮大社です。熊野本宮大社の主祭神は「家津御子大神」で、ソサノオであるとされています。熊野大社の主祭神も「熊野大神」で、ソサノオとされています。出雲國造神賀に「伊_イ射_サ那伎乃日眞名子。加夫呂伎熊野大神」とあるからということです。「イサナキの愛しい子であるカフロキ熊野大神」はソサノオのことであると千家達彦熊野大社前宮司の書『熊野大社』にあります。ホツマツタエでは、ソサノオは紀伊國のソサで生まれ熊野で育てられ、ネの國サホコに行かされます。サホコで横暴に振る舞うので、天の岩戸伝説を経て、八股の大蛇退治伝説となるのです。ミハタの（9）です。「ヒカワノカミノ　ヤヱタニハ　ツネニムラクモ　タチノホリ　ソビラニシゲル　マツカヤノ　ナカニヤマタノ　オロチイテ（ヒカワの上の　八重田には　常に群雲　立ち上り　ソビラに繁る　松萱の　中に八股の　大蛇居て）」、そのオロチが人身御供を要求します。七姫のうちの最後の一人「イナタ姫」が供されようとするところに居合わせたソサノオがオロチを退治するのです。「ヒカワ」は氷川神社の「氷川」とされますが、出雲に氷川はありません。

　「熊野大社」の本では、「斐伊川」を「ヒカワ」としますが、上流には遺跡がみあたりません。「ヒカワ」はソサノオの治める地です。流域に

多くの遺跡がある「意宇川（ただし、延喜式神名では意宇郡にオウ郡と仮名が振ってあります）」が「ヒカワ」ではないかと思います。意宇川沿いには意宇六社といって、中海側から、揖夜神社、六所神社、眞名井神社、八重垣神社、神魂神社、そして熊野大社があります。六社とも大社造と Wikipedia は伝えます。延喜式神名には揖夜神社と眞名井神社がありますが、眞名井神社は明治に伊弉諾社を改名したと Wikipedia にはあります。また、神魂神社と熊野大社の間には、岡田山古墳があります。ホツマツタヱと古事記では、ソサノオは八股の大蛇退治の後、出雲の須賀（此の二字は音）に宮を造ります。須賀宮です。その時、八雲が立ち上がります。今も八雲山の山麓には須我神社が存在します。ホツマツタヱにも、ヒカワの「スガハ」にクシイナタ宮を造ったとあります（ミハタの〈9〉）。サホコのハタレを討った功績で、ソサノオはヒカワ

神を賜りクシイナタ宮を創建します。その話に続いて「サホコクニ　カエテイツモノ　クニハコレ　アメノミチモテ　タミヤスク　ミヤナラヌマニ　イナタヒメ　ハラメハウタニ　ヤクモタツ　イツモヤエガキ　ツマコメニ　ヤエカキツクル　ソノヤエカキワ（サホコ國　変えて出雲の國は是　天の道守って　民安く　宮成らぬまに　イナタ姫　妊めば歌に　八雲立つ　出雲八重垣　妻込めに　八重垣造る　その八重垣は）」となります（ミハタの〈9〉）。この歌は注釈のような扱いで日本書紀にもあります。クシイナタ宮は八雲に創建されたのです。現在の須我神社がそれに当たるかは、その扱われ方から考えても微妙です。熊野大社から意宇川を下った意宇平野は昔から政治の中心であったと「熊野大社」の本は伝えます。また近くの天狗山に祭られていた神を麓にお迎えして、お祭りしたのが熊野大社であると「熊野大社」の本は伝えます。完成は養老4年（720年）のこととあります。

3-5　入母屋屋根神社

3-5-1　日前神宮・國懸神社

　紀伊國在田郡須佐神社のところで述べましたが、日前神宮はワカ姫（ヒルコ）の造営です。ミハタの（初）のその部分を再掲します。「アヒノマエミヤ　タマツミヤ　ツクレバヤスム　アヒミヤオ　クニカケトナス　ワカヒメノ　ココロオトトム　タマツミヤ」です。つまり、「アヒ宮」があって、「アヒ宮の前宮」すなわち、「タマツ宮」をワカ姫が造ったと言うのです。そして、「アヒ宮」を國懸けとなすのです。アヒ宮は前からあったのか、ヒルコ姫が造ったのか文脈からは分かりません。兎に角、「アヒ宮」が「國懸宮」となるのです。「アヒノマエ宮」が「タマツ宮」で「日前神宮」です。この宮はワカ姫の造営です。延喜式では「日前」に「ヒノマエ」と仮名が振ってあります。紀伊國名草郡日前神宮と國懸神社だから、「キシイ國」は「紀伊國」となります。由緒書きには「石凝姥命天香具山の鋼を採りて、大御神の御像を鋳造し奉る。是

れ日前神宮奉祀の日像鏡、國懸神社奉祀の日矛鏡にして二鏡齋き祀る」とあります。Wikipedia には、日前神宮の祭神は日前大神で御神体が日像鏡で、國懸神宮の祭神は國懸大神で御神体が日矛鏡とあります。ワカ姫の痕跡は全然ありません。参道を進むとT字路があって左手側を進むと日前神宮、右手側を進むと國懸神社があります。日前神宮の方が写真を撮りやすいので、日前神宮の写真を載せますが、両神社の造は、ほとんど同じ入母屋屋根平入造です。参拝処は南にあります。一つだけ興味が湧いたのは、相殿があって、國懸神社の相殿に明立天御影命が祭られていることです。近江國の御上神社の祭神が天御影命で、御上神社も入母屋屋根平入造です。何か関係がありそうです。詳しくは御上神社のところで述べます。

　日前神は日本書紀の天の岩戸逸話に出てきます。石凝姥に天香具山の金（カネ）で日矛を作らせ、そして眞名鹿之皮で天羽韛（アマノハブキニ）を作らせ神に奉らせたのですが、その神が紀伊國所坐日前神です。この逸話はホツマツタヱに出てきません。

3-5-2　御上神社

　紀伊國以外にある入母屋屋根平入造新嘗神社がこの御上神社です。養老２年（718年）藤原不比等が勅命を拝し、造営したと社伝は伝えます。

　裏の三上山を御神体とするということです。Wikipedia には御祭神が「天御影命」とあります。ホツマで「アメミカゲ」はホノアカリに従い大和平定に出発した32人の騎馬兵の一人です。「タマキネのオコ」です。「オコ」が現代に残っていません。「ミコ」、「マコ」、「オコ」ではないでしょうか？　タマキネはイサナキでアマテルの父です。従ってアメミカゲはイサナキの曾孫で、テルヒコと同世代となります。由緒書きには祭神は天御影（天照らすの御孫）とあります。また、社伝によると「天之御影神は今から二千二百余年前の孝霊天皇六年六月十八日三上山に御降臨になった」とあります。

　ホツマツタヱには気になる記述があります。ミハタの（6）です。「イサナキハ　アツシレタマフ　ココオモテ　アワチノミヤニ　カクレマス　コトハオハレト　イキオヒハ　アメニノホリテ　ヲオカヱス　アヒワカミヤニ　トトマリテ　ヤミオタシマス　タガノカミ　ヤマトヤスミヤ　ヒキウツシ　アメヤスカワノ　ヒルコヒメ　ミコオシヒトオ　ヒタシマス（イサナキは　篤しれ給う　ここを以て　アワチの宮に　隠れます　事は終われど　勢いは　天に昇りて　大変えす　アヒ若宮に　留まりて　闇を直します　多賀の神　大和ヤス宮　引き遷し　天ヤスカワの　ヒルコ姫　皇子オシヒトを　浸します）」とあります。多賀の話をしているから、天ヤスカワは近江と考えられます。つまり天野洲川です。ヒルコ姫が造営し、鎮に暮らしたのはキシヰ（紀伊）の「アヒの前

宮」、すなわち、「タマツ宮」です。だから、「ヤマトヤスミヤ」は「タ
マツ宮（日前神宮）」で、それを「アメヤスカワ」に引き遷したという
ことですから、「ヤスカワ」を「野洲川」と考えると、「天野洲川宮」は
「御上神社」と考えるのが合理的です。「アメヤスカワ」は古事記と日
本書紀では「天安河」です。御上神社でオシヒトが育てられたとなる
と、御上神社の祭神天御影はアマテルの孫でなく皇子の「オシヒト」で
す。天御影は諱ではなく讃え名です。社伝のアマテルの孫アメノミカゲ
は襲名でしょう。ミハタの（8）にありますが、「ハタレ（破誰：不順
者）」が香具山に現れたので、アマテルが御幸し、テクルマ（手車）に
「セオリツメ　アメノミカケニ　アキツメハ　ヒノミカゲサス　イフキ
ヌシ　クマノクスヒト（セオリツ女　天の御影に　アキツ女は　日の御
影射す　イフキヌシ　熊野クスヒト）」が乗ります。アキツ女はカナサ
キの娘「ハヤアキツ　アキコ」です。その子は「アマツヒコネ諱タダキ
ネ」です。イフキヌシはツキヨミとイヨツ姫の子供です。熊野クスヒト

はトヨ姫の子です。セオリツ姫、アキツ姫、そしてトヨ姫はアマテルの妃です。「セオリツ姫とその子、天の御影（オシヒト）、アキツ姫とその子、日の御影（タダキネ）」も乗っているのです。つまり、「天御影」は「オシホミミ諱オシヒト」であることが分かります。紀伊の日前神宮の側に、天御影命が祭られていたことの意味が分かる気がします。

　JR 琵琶湖線の野洲駅から徒歩で40分くらいかかります。バスはあるのですが、本数が少なく運が良ければ10分くらいで行けます。三上山は秋には松茸山となり、登山規制があるそうです。山頂付近には奥宮があるということですが、参拝しませんでした。

　野洲川は甲賀の地から御上神社の西側を流れ琵琶湖に注ぎ込みます。

3-5-3　熊野本宮大社

　熊野には熊野三山と言って、熊野本宮大社、熊野速玉大社、そして熊野那智大社があります。本宮大社は、社伝で、名神大社紀伊國牟婁郡熊野坐神社に比定されています。また速玉大社は大社の熊野早玉神社に比定されます。

　那智大社は延喜式神名に載ってはいないのですが、ホツマツタヱには「アマテルとミチコの皇子ヌカタダは那智の若皇子で、熊野神で、イサナミを祭る（ミハタの〈6〉）」とあり、那智大社で祭られたと考えられます。ミチコはキノスケ（東の介）でヤソキネの娘です。ヤソキネは6代目タカミムスビです。

　熊野交通は3日間路線バス乗り放題券を3000円で発行しています。これを使って熊野三山巡りをしました。紀伊勝浦の万清楼に宿泊したので、最も遠い本宮大社に最初に参拝しました。勝浦から新宮を経て本宮に行く、特急バスを利用しました。バスは熊野川沿いに緩やかに、北北西に上りながら進みます。途中「宮井大橋」の手前の二俣で西へ進路をとり、十津川沿いに進みます。もう一方の北川を北に進むと瀞峡です。十津川は西に上った後、また、北に上ります。十津川沿いに熊野本宮大社があります。旧社殿は十津川沿いの中洲、大齋原にあったということ

　で、大齋原には大きい鳥居があって、旧社殿跡地が保存されています。由緒には、旧社殿は徳川家斉の命により、紀州候治宝が造営したとあります。更に、1889年（明治22年）の大洪水で流されたのを現在の地に再建したと Wikipedia は伝えます。写真を撮るのは自由でした。向かって左の入母屋屋根平入（入母屋）造の社殿（第1殿、第2殿）には牟須美大神と速玉之男神の二神が祭られています。参拝扉も2カ所です。続く入母屋屋根妻入（熊野）造の社殿（第3殿）が御正殿で、家津美御子大神を祭ります。素戔嗚尊と注意書きがあります。続いて建つ熊野造の社殿（第4殿）は天照大神を祭っています。主祭神素戔嗚尊は、樹木を支配し、造船や植林を伝えたと由緒書きには書いてあります。ホツマツタヱにはこの事は出てきません。

　熊野造と春日造の違いは、背面を見ることができませんから、第３殿の写真でも分かりません。Wikipedia には「正面が切妻造で向拝を持ち、背面が入母屋造」とあります。「入母屋屋根の妻入造」です。「この神社は、崇神天皇の御世に、熊野連が創建した」と由緒書きは伝えます。この神社は奈良時代からの神仏習合の影響を強く受けています。建造様式も神仏習合の影響を受けていると思われます。ところで、祭神ですが、「家津美御子大神はソサノオ」で、「牟須美大神はイサナミ」で、「速玉之男神はイサナキ」であると Wikipedia は述べています。熊野速玉大社で詳しく述べますが、ホツマツタエでは「ハヤタマオ」はイサナキとイサナミの仲を取り持とうとした神です。ソサノオは熊野で育てられます。「ソサノオハ　ツネニオタケビ　ナキイザチ　クニタミクジク　イサナミハ　ヨノクマナスモ　ワガオエト　タミノオエクマ　ミニウケテマモランタメノ　クマノミヤ（ソサノオは　常に雄叫び　泣きいざち　國民挫く　イサナミは　世の隈為すも　吾が怯えと　民の怯え隈　身に受けて　守らん為の　クマノミヤ）（ミハタの〈３〉）」とあり、熊野三山のうち、速玉大社は「ハヤタマオ」を祭り、那智大社は「イサナミ」を祭るので、本宮大社が「ソサノオ」を祭ることは自然です。

3-5-4　熊野速玉大社

　写真を撮ることは自由でした。向かって左の２棟が結宮と速玉宮で、並んで建っています。鰹木が５本載った熊野造（入母屋妻入造）です。千木は置き千木です。結宮の祭神は熊野夫須美大神で、速玉宮の祭神が熊野速玉大神です。この２宮の前に拝殿があります。それらに続いて建つ切妻平入造（流れ造？）の宮には家津御子大神、天照大神、高倉下命の三神が祭られているとあります。Wikipedia によると、創建は景行58年と社伝にあるとあります。近くの神倉山に御神体のゴトビキ岩と拝殿を持つ神倉神社があり、そこの祭神が高倉下命です。速玉大社の主祭神は勿論、「ハヤタマオ」です。ホツマではイサナキとイサナミが結ばれる橋渡しをしようとした神として出てきます。ミハタの（２）に、「タ

カミムスビノ　キツヨカミ　イミナタマキネ　トヨウケノ　ヒメノイサ
コト　ウキハシオ　ハヤタマノオガ　ワタシテモ　トケヌオモムキ　ト
キムスブ　コトサカノオゾ（タカミムスビノ　五代神　諱タマキネ　ト
ヨウケの　姫のイサコと　浮き橋を　ハヤタマノオが　渡しても　融け
ぬ趣　時結ぶ　コトサカノオぞ）」とあります。ハヤタマノオはイサナ
キとイサナミの仲介に失敗し、コトサカノオが成功したのです。タカミ
ムスビは襲名するようです。コトサカノオはミハタの（４）にも出て
きます。同じような場面です。「オガムヒノワノ　トビクダリ　フタカ
ミノマエ　オチトドム　オモワズイダク　ユメココチ　サメテウルホヒ
ココチヨク　ミヤニカエレバ　ヤマスミガ　ササミキススム　カレオカ
ミ　トコミキシルヤ　メノコタエ　コトサカノオガ　ミチキケバ　トコ

ミキハマヅ　メガノミテ（拝む日の輪の　飛び降り　二神の前　落ち留む　思わず抱く　夢心地　覚めて潤ひ　心地良く　宮に帰れば　ヤマスミが　酒神酒勧む　故男神　床神酒知るや　女の答え　コトサカノオが　道聞けば　床神酒はまず　女が飲みて）」とあります。「ハヤタマノオ」はミハタの（２）だけですが、「タマノオ」はミハタの（５）に出てきます。「タマノオトドム　ミヤノナモ　オトタチバナノ　アワキミヤ（タマノオ留む　宮の名も　オトタチバナの　アワキ宮）」とあり、アワキ宮は筑紫のイサナキの居宮です。「タマノオ」は「イサナキ」です。本宮大社で、「ハヤタマオ」が「イサナキ」とされているのは、この逸話のせいではないでしょうか？　速玉大社では祭神は勿論熊野速玉大神です。本宮大社の傍に世界遺産センターなるものがあって、そこの説明文の中に、「奈良朝の頃から、修験行者が頻繁に訪れて、平安朝中期以降神仏習合が急速に進んだ」とあります。その中心が速玉大社らしく、「本宮大社の家津御子大神は阿弥陀如来で、速玉大社の速玉大神は薬師如来で、那智大社の夫須美大神は千手観音で、その三像を、平安時代速玉大社が所蔵していた」と世界遺産センターは伝えます。

3-5-5　熊野那智大社

　熊野三山で、最も賑わっているのが熊野那智大社です。那智の滝前バス停から那智山バス停までの参道にお土産屋さんやら食べ物屋さんやらが並んでいます。見物人も前の二大社に比べ断然多いです。現在、拝殿の補修中で、拝殿にかかった覆いのせいで、第１殿から第５殿までは拝観できません。第６殿は覆いの外で、撮影できますが、肝心の主祭神熊野夫須美大神の祭られている正殿は全く拝観できません。第６殿は流造です。拝殿に掛かった覆いに写真があります。分かりにくいのですが、その写真を載せます。第１殿から第５殿までは明らかに熊野造です。第４殿のひときわ大きい社殿が御本殿で、熊野夫須美大神を祭ります。由緒書きにはイサナミとあります。由緒書きに、熊野の「クマ」とは「奥まった処」または「隠れたる処」で「カミ」と同義語であるとありま

す。

　ホツマツタヱでは「クマ」は「恥ずべき事」の意が合うような使い方がされています。ソサノオが傍若無人に振る舞うのでイサナミが熊野宮で育てます。ミハタの（3）に「イサナミハ　ヨノクマナスモ　ワガオエト　タミノオエクマ　ミニウケテ　マモランタメノ　クマノミヤ（イサナミは　世のクマ為すも　吾がオエと　民のオエクマ　身に受けて　守らん為の　熊野宮）」とあります。「オエ」は「怖れ」と思います。オエクマは良い意味ではないと思います。私は「クマ」に「隈」を当て「隅に隠れたい気持ち」ととっています。だから「カミ」の同義語は合意できませんが、「クマノミヤ」の意味は「クマの宮」で固有名詞ではないと思います。イサナミが「クマ」を感じて身を隠した宮という意味で、その後「熊野」と固有名詞になったと思われます。那智大社

はイサナミが祭られている筈です。ミハタの（6）に「ハナキネハ　ネノクニサホコ　シラスベシ　イマタヒルコト　ミクマノノ　トミガタスケテ　ノチノキミ　ナチノワカミコ　ヌカタダヨ　イサナミマツル　クマノカミ　シコメガシヰオ　カラスカミ　マツラバクロキ　トリムレテ　カラストナック（ハナキネは　北の國サホコ　知らすべし　未だヒルコと　御熊野の　臣が助けて　後の君　那智の若皇子　ヌカタダヨ　イサナミ祭る　熊野神　醜女が椎を　からす咬み　祭らば黒き　烏群れて　烏と名付く）」とあります。熊野三山には八咫烏がやたらに祭られています。「シコメガシヰオ　カラスカミ」に関係しているのではないでしょうか？　「カラスカミ」は「烏が噛む」のではなく全体で一つの単語と思えます。ホツマでは熊野と烏には深い関係があります。ミハタの（20）では、ホノアカリテルヒコが斑鳩宮から飛鳥宮へ宮遷しをするのですが、そこに「イカルガノ　ミヤニウツリテ　ソノアスカ　ウテナニヨモオ　ノソムオリ　シラニハヤマニ　カラストフ　クマノトオモヒ　ミヤウツシ（斑鳩の　宮に遷りて　その飛鳥　台に世もを　望む折　白庭山に　烏飛ぶ　熊野と思い　宮遷し）」と烏が飛ぶから飛鳥を熊野と間違えるのです。

3-5-6　吉備津神社

ホツマツタヱには、「……ツヒコ」という名が数多くでてきます。これはその土地の豪族の尊称であると思います。典型的なのが「シマツヒコ」です。「シマツヒコヨリ　ナナヨスム　イマカナサキノ　ヱタカバネ（シマツヒコより　七代住む　今カナサキの　ヱタ姓）（ミハタの〈6〉）」と七代シマツヒコが続いたことになります。

　吉備津彦も襲名でしょう。ホツマで最初に「吉備津彦」が出てくるのは、ミハタの（33）で、崇神天皇の御世です。彼方此方に「カミマツリ」のために「オシ」を派遣するところに、「キヒツヒコシテ　ツサノオシ」がでてきます。それに先だって、ミハタの（32）では、孝霊天皇（ヤマトフトニノアマキミ）とハエ姫の間に産まれた三つ子の長男がヱ

ワカタケヒコで三男がトワカタケヒコで、ヱワカタケヒコが「キビカン
ヂ」で、トワカタケヒコが「キビシモヂ」となります。蛇足ですが、次
男はノナカヒコサシマです。さらに、景行天皇の妃が「キビツヒコガ
メ」です。ヤマトタケ（日本武尊）を産みます。

　吉備津彦を祭る神社は備中の吉備津神社と備前の吉備津彦神社があり
ます。鎮座されている場所から、延喜式神名の名神大社である備中吉備
津彦神社は吉備津神社に比定されます。この二つの神社は中山の麓東西
に建ちます。「キビカンヂ」と「キビシモヂ」ではないかと思います。

　吉備津神社の拝殿と本殿はほとんど同じ入母屋屋根の平入造です。参
拝処は北を向いています。屋根の下部で両殿は繋がっていますが、結合
部分の詳細は分かりません。回りに回廊があり、金属の蠟燭立てが吊り

下がっています。見た目は仏閣です。Wikipediaは比翼入母屋造として
います。足利義満造営とあり、神仏習合の影響がある建物です。

3-6　筑紫の三社

　イサナキは、熊野でイサナミの死体に蛆が集っているのを見て逃げ帰
り、筑紫に行って三つの神社を建てます。住吉神社、宗像神社、そして
志賀海神社です。それぞれの祭司がホツマ王朝の有力者であり地元の豪
族でもあるカナサキ、ムナカタ、そしてアスミです。原文をのせます。
ミハタの（5）です。
「クヤミテカエル　モトツミヤ　イナシコメキオ　ソソガント　オトナ
シカワニ　ミソギシテ　ヤソマカツヒノ　カミウミテ　マガリナオサ
ン　カンナオヒ　オオナオヒカミ　ウミテミオ　イサギヨクシテ（悔や
みて帰る　モトツ宮　否醜女きを　濯がんと　オトナシカワに　禊ぎし
て　八十枉津日の　神生みて　枉り直さん　神直日　大直日神　生みて
身を　潔くして）」神々の漢字名は日本書紀からの引用です。日本書紀
では八十枉津日、神直日神、および大直日神も筑紫で生まれますが、ホ
ツマタヱでは違います。モトツ宮で生まれたと思われます。モトツ宮
の傍にオトナシカワがあるのですが、これだけではモトツ宮の所在地を
推定できません。続いてイサナキは筑紫に入ります。
「ノチイタル　ツクシアワキノ　ミソギニハ　ナカカワニウム　ソコツ
ツオ　ツギナカツツオ　ウハツツオ　コレカナサキニ　マツラシム　マ
タアツカワニ　ソコトナカ　カミワタツミノ　ミカミウム　コレムナカ
タニ　マツラシム　マタシガウミニ　シマツヒコ　ツギオキツヒコ　シ
ガノカミ　コレハアヅミニ　マツラシム（後至る　筑紫アワキの　禊ぎ
には　那珂川に生む　底筒男　次中筒男　表筒男　是カナサキに　祭ら
しむ　またアツ川に　底と中　上海神の　三神生む　是ムナカタに　祭
らしむ　また志賀海に　島津彦　次沖津彦　志賀の神　是阿曇に　祭ら
しむ）」

筑紫のアワキ宮ではツキヨミ諱モチキネが誕生します。アワキの禊ぎが那珂川で行われることから、アワキ宮は住吉神社です。

　日本書紀では、イサナキは筒男と少童（ワダツミ）を産み、住吉大神と阿曇連（アヅミ）に祭らせます。ムナカタはでてきません。ムナカタはハヤコの産んだ３姫を祭ることになります。日本書紀には島津彦、沖津彦、そして志賀の神はでてきません。シマツヒコは築住の豪族で、襲名でしょう。七代目がカナサキです。注目は志賀の神です。山幸彦ウツキネがハデ神の宮殿で、魚に取られた鈎を得て、兄の海幸彦サクラギに返しに行ったのが、「シガノカミ」です。シノ宮にいたヤマクイと行きます。海幸彦が不遜な態度をとるので、二人で、それを懲らしめたのですが、妙な話です。志賀の島では「漢委奴國王」の金印が出土しています。西暦57年です。この王は志賀の神の末裔ではないかと思います。まずは住吉神社からの参拝記です。

3-6-1　住吉神社

　延喜式神名にある筑前國那珂郡住吉神社三座です。那珂川の昔の河口付近に鎮坐しています。祭神は三筒男です。社伝では、「現在の主殿は江戸時代前期に黒田長政により元和９年（1623年）に再建された」こと、また、「弥生時代の銅戈や銅鉾が境内から出土した」ということが示されています。また社伝では、「日本書紀の三筒男の生誕地筑紫の檍原（アハキガハラ）はこの地である」としています。ホツマツタヱに矛盾しません。三筒男は航海守護神で、神功皇后の朝鮮出兵に協力したことが社伝に書かれています。そして、配祀神として神功皇后が祭られています。攝津國住吉郡住吉坐神社四座である住吉大社の祭神が三筒男と神功皇后であり、神功皇后が創建したと伝わっていることから、三筒男はここから分祀されたと考えられます。「カナサキ」が出てきません。ミハタの(25)で、ウツキネを筑紫へ送り込んだのは「シホツツノオヂ」です。また、筑紫で、タケヒトにヤマトへ行けと勧めたのも「シホツチ（ツ）ノオキナ」です。「シホツツ」と「ツツオ」の「ツツ」は同じ意味なの

ではないでしょうか？　漁と関係しそうです。「ワダツミ」が「ソコ」、「ナカ」、「カミ」で、明らかに海の「底」と「中」と「表面」の意味で、「ツツオ」の「ソコ」、「ナカ」、「ウハ」も同じように「海」の深さを表すとすると、「磯釣り」と「沖釣り」と「底漁（潜り）」を営む男が筒男ではないかと思います。すると、筒男の天辺に「シホツツ」がいるのではないかと思います。それが「シマツヒコ」で、「シマツヒコヨリ　ナナヨスム　イマカナサキ」となります。

　本殿は切妻妻入です。西側に参拝処があります。住吉造と言うのですが、本殿は平入造の拝殿と繋がっていて、西側から本殿を見ることはできません。拝殿の後ろの真ん中に御神体とみられる鏡が見えます。これだけでは住吉造が分かりません。摂津の住吉大社は筑紫の住吉神社の２倍くらいの社が４社あって、拝殿は西に参拝処をもちますが、中の鳥居

が見えます。

3-6-2　志賀海神社

　ホツマツタヱにある、アヅミに祭らせたシマツヒコ、オキツヒコ、そしてシガの神が古事記・日本書紀には出てきません。記紀では、アヅミが三ワタツミ（少童〈紀〉綿津見〈記〉）を祭ることになっています。今、志賀海神社は志賀島の南の勝山の地にありますが、もとは北の勝馬にあった表津宮、仲津宮、そして沖津宮の三社のうち表津宮を阿曇磯良が今の地に遷座したと社伝は伝えます。磯良は神功皇后と関係があったということですから、イサナキの時代からは随分と離れています。問題は、イサナキが志賀海に生んだ島津彦、沖津彦、そして志賀の神が何処に祭られているのか？　です。「阿曇に祭らしむ」だから志賀海神社に

祭られているはずです。現在の祭神は仲津綿津見、底津綿津見、そして表津綿津見の三神です。遷座しないで、今は摂社となっている仲津宮と沖津宮の祭神は仲津綿津見神と沖津綿津見神ということです。宗像大社にも沖津宮があります。沖之島の沖津宮は、沖津彦を祭る神社で、大島の中津宮は、島津彦を祭る神社で、志賀海神社は志賀の神を祭るのではないでしょうか？　この三神は筑紫の豪族と思われます。ミハタの（６）に「ツキスミハ　シマツヒコヨリ　ナナヨスム　イマカナサキノ　エタカバネ　ムナカタアツミ　タスケシム（筑住は　島津彦より　七代住む　今カナサキの　エタ姓　宗像、阿曇　助けしむ）」とあります。従って、辺津宮が、３海神を祭る宗像神社ではないかと考えます。

　本殿は流造です。回廊があります。

3-6-3　宗像大社

　宗像大社は辺津宮（宗像市田島）、津宮（宗像市大島）、そして沖津宮（宗像市大島沖の島）の三社を合わせて宗像大社となっています。イサナキがアツ川で禊ぎして生み、ムナカタに祭らせた三ワタツミは、現在では、志賀海神社に祭られています。辺津宮の傍には「釣川」が流れています。イサナキが禊ぎした「アツ川」と思われますが、川名の違いは分かりません。辺津宮の祭神は市杵島姫、中津宮の祭神は湍津姫、そして沖津宮の祭神は田心姫です。ホツマツタエにこの三姫がでてきます。アマテルの側室でクラキネの娘ハヤコが産んだ三姫です。ミハタの（６）に、セオリツ姫ホノコがオシホミを産む逸話に続いて「サキニモトコガ　ウムミコハ　ホヒノミコトノ　タナヒトゾ　ハヤコガミツゴ　ヒハタケコ　オキツシマヒメ　フハタキコ　エツノシマヒメ　ミハタナコ　イチキシマヒメ（先にモトコが　産む皇子は　ホヒノ命の　タナヒトぞ　ハヤコが三つ子　一はタケコ　沖津島姫　二はタキコ　江ツノ島姫　三はタナコ　市杵島姫）」とあります。沖津島姫はタゴリ姫で、タケコです。江ツノ島姫はタキツ姫で、タキコです。市杵島姫の諱は日本書紀にはでてきませんが、タナコです。ミハタの（７）で、「エツノシ

　マ」は「サカム（相模）ヱノシマ」とあります。だから、江ノ島です。市杵島は安藝の厳島（宮島）で沖津島は筑紫の沖之島と考えられます。江ノ島には多紀理比賣を祭る興津宮、市寸島比賣を祭る中津宮、そして多寸津比賣を祭る辺津宮があります。Wikipedia によると創建は欽明天皇13年ということです。何故か延喜式神名には掲載されていません。厳島神社は延喜式神名にある安藝國佐伯郡伊都伎嶋神社に比定できます。この神社は名神大社です。三姫は眞名井の宮から筑紫に出されたハヤコに付いていったのです。モチコとハヤコが筑紫へ出されたのはアマテルがトヨヒメをネノウチメにして寵愛したからです。ムカツヒメが慰めるところがあります。「ナンチラエトガ　ミケヒエテ　ツクシニヤレハ　ツグミオレ　オハチチニ　メハハハニツク　ミヒメコモ　トモニクダリテ（汝等姉妹が　御食冷えて　筑紫にやれば　噤み居れ　男は父に　女は母につく　三姫子も　共に下りて）」とあります。男はモチコの産

んだホヒノミコトです。タナコは（八幡大菩薩）宇佐宮に居て、ウサツ
ヒコ、トサツヒコ、イヨツヒコを産みます。またハヤコも宇佐宮に居ま
す。宇佐宮は現代の宇佐神宮です。Wikipedia では祭神は八幡大神（応
神天皇）、比売大神（宗像三女神）、そして神功皇后となっていて、創建
はよく分かりませんが、ホツマツタヱ以後の強い影響があります。かろ
うじて比売大神にホツマツタヱの片鱗が残っています。

　宗像大社辺津宮の本殿は天正６年宗像氏貞の建立とあります。ホツマ
ツタヱの書かれた時から随分と建て替えられていることが分かります。
本殿の建造様式は流造に似ています。切妻平入造です。勾配を持つ屋根
は流造に多い造です。

お わ り に

　ホツマツタヱを私的に解釈する参考に神社の建造様式を見に回ったのですが、別の収穫もありました。その一つは神社が創建された地（國）により建造様式が偏っていることを知ることができたことです。伊勢國の新嘗神社本殿の全てが唯一神明造神社です。大和國の多くの主要な神社本殿が春日造です。山城國のほとんどが千木も鰹木も載っていない流造です。紀伊國は多くが入母屋屋根造です。名草郡の日前神宮・國懸神社は入母屋屋根の平入造で、新嘗神社です。熊野の熊野本宮、速玉、那智大社は入母屋屋根の妻入造（熊野造）です。本宮大社は神名大社で、速玉大社は大社です。那智大社は延喜式神名にはありません。紀伊國の新嘗神社でも、大屋都比売神社本殿は流造、都麻津姫神社は王子造とWikipediaは伝えます。伊太祁曾神社本殿は切妻屋根の平入です。屋根の流れは確認できませんでした。また須佐神社は春日造です。出雲國に、新嘗神社はありません。熊野坐神社と杵築大社が名神大社です。現在の出雲大社は「大穴持神社」と「杵築大社」の合併したものです。出雲大社には摂社が７社あります。そして、出雲國の神社本殿はすべて大社造です。他の國の神社本殿の建造様式には偏りがあまり無く特徴が分かりません。

　その二はその國にいた為政者に近い神々を祭神にしていることです。祭神により建造様式が偏ることです。伊勢國の神社はアマテルに近い神々です。つまり、アマテルに近い神々を祭った神社は神明造なのです。アマテルは宇治宮（伊勢神宮内宮）の創建者で、祭神でもあります。外宮の祭神は一応トヨケです。月讀宮、伊佐奈岐宮<ruby>ツキヨミ<rt></rt></ruby>、瀧原宮（天照坐大神御魂）、荒祭宮（天照荒魂）、等皆アマテルの祖父、弟、父です。大和國の多くの神社本殿は春日造です。春日はカスガ・ツハモノヌシと考えます。春日大社や枚岡神社に祭られているカスガ・コヤネは後から祭られたものと思います。また矢田坐久志玉比古神社と櫛玉命神社も春

日造です。祭神はクシタマホノアカリ（櫛玉火明命）です。笠縫の鏡作坐天照御魂神社は流造ですが、平側の屋根に破風が載っていて、春日造と見紛うばかりです。鏡作神社も祭神は火明命です。クシタマホノアカリ諱テルヒコはカスガ・ツハモノヌシの引退にともない大和に降臨したアマテルの皇孫です。ツハモノヌシとテルヒコの関係する神々を祭る神社が春日造と考えると辻褄があいます。崇神天皇の御世に造られた大國魂を祭る大和坐大國魂神社も春日造です。オオヤマスミを祭る山口神社も春日造です。参拝しませんでしたが、Wikipedia によると、大和國の春日造新嘗神社は次の神社です。

> 龍田大社、往馬坐伊古麻都比古神社、平群坐紀氏神社、広瀬坐和加宇加売神社、葛木御歳神社、石園坐多久虫玉神社、葛木御縣神社、他田坐天照御魂神社、甘樫坐神社、多坐弥志理都比古神社

　山城國の逸話はホツマツタヱにあまり出てきません。ウツキネがカモタケツミにカワイの地を、トヨタマを養うために与えたことと、オオタタネコがカモノミヤとキフネに行って、崇神天皇に進言し、賀茂御祖神社を建てたくらいのことです。賀茂御祖神社、賀茂別雷神社、貴船神社の３社の本殿は千木も鰹木も無い流造です。またこの３社は南北に一直線に並んでいます。さらに南に下ると、矢田坐久志玉比古神社、鏡作神社、櫛玉命神社が一直線に繋がります。さらに南に下ると熊野本宮神社です。少しずれますが、貴布祢神社の北西日本海側には火明命を祭神とする籠神社があります。また、鏡作神社も籠神社もトヨスキがアマテル神御魂を遷した神社です。ホノアカリ諱テルヒコが亡くなった時、アマテルは生存していました。クシタマホノアカリを祭神とする神社にはアマテルの意思が働いていると思い、テルヒコがアマテルにどんなに可愛がられたかに思いを馳せます。京都の西にありますが、松尾大社も梅宮大社も千木も鰹木も無い流造です。松尾大社は祭神が大山咋神で、梅宮大社の祭神は酒解神です。どちらもホツマツタヱには出てきません。た

だ、大山咋は古事記に出てきます。大山津見の娘と多分ソサノオの間の子供の大歳神の子供です。上述以外の山城國の新嘗神社は次の神社です。どの神社の本殿も流造です。

　　葛野坐月讀神社、山科神社、稲荷神社、許波多神社

　紀伊國の入母屋屋根の神社は妻入（熊野造）と平入（入母屋造）があります。本殿が平入入母屋屋根の新嘗神社は、ワカ姫ヒルコの居宮です。ワカ姫造営の日前宮、その前からあった同じ敷地の國懸神社、そして近江國の御上神社です。御上神社は野洲川に近いところにあります。ワカ姫はアメヤスカワ（天野洲川）で皇子オシヒトを育てます。御上神社の祭神は天之御影命です。社伝は天照大御神の皇孫と伝えますが、皇子です。
　出雲國の神社本殿のほとんどが大社造です。出雲國にはホツマ王朝からイサナミやソサノオが派遣されます。ホキの命も派遣されます。皆この地に留まるけれど、國神に懐柔されて、ホツマ王朝に帰順させることが出来ないようです。フツヌシとタケミカツチの出雲征伐により、180の國神を引き連れてオホナムチがホツマ王朝に降伏するのですが、「オホナムチ　アガルアソヘノ　ウモトミヤ　ツクルチヒロノ　カケハシヤ　モモヤソヌキノ　シラタテニ　ウツシクニダマ　オホナムチ　ツカルウモトノ　カミトナル　ホヒノミコトオ　モトマツリ（オホナムチ　上がるアソへの　ウモト宮　造る千尋の　架け橋や　百八十五の　白立てに遷し國魂　オホナムチ　ツカルウモトの　神となる　ホヒの命を　元祭り）」とミハタの（10）にあり、オホナムチが実質的な支配者で、ホヒの命がホツマ朝からの目付役となります。杵築の地には大穴持の系統の神を祭る大穴持神社とホツマ王朝の神を祭る杵築大社があります。ウモト宮は杵築大社のことで、出雲王朝とホツマ王朝の「架け橋」としたのでしょう。「ホヒの命」はアマテルとクラキネの娘モチコの子です。古事記では天照大御神の子、菩卑能命が出雲へ派遣されます。また、日本

書紀には「穂日命」が出てきます。出雲國造の代替わりに朝廷に唱える神賀に「出雲國造者。穂日命之後也」とあり穂日命は出雲國造の初代であることが分かります。八雲の地には意宇川沿いに意宇六社と称する大社造の神社があります。川下から、揖夜神社、六所神社、眞名井神社、八重垣神社、神魂神社、熊野大社です。眞名井神社は明治時代に改名されたということですので、延喜式神名の神社は揖夜神社と熊野大社です。熊野大社は名神大社熊野坐神社です。

　このように見てくると今まで何も注意しなかった神社本殿の建造様式がホツマ王朝の歴史を伝えていることを知り、古に思いを馳せて「ホツマツタヱの私的解釈」に熱が入ります。

　最後に「復刻版ホツマツタヘ」の原文のほんの一部の写真を載せます。ニハリ宮建造の一部です。縦書きなので、解釈文の対応が分かりづらいのですがお許し下さい。ニニキネ諱キヨヒトがオオモノヌシに「お前の祖の國の出雲八重垣が非常に治まっている。その元は先の神々の勲であるから、自分も此所に田を拓こうと思う。まずニハリ宮を建てたいからその法を作れ」と詔するのです。

「フトマニニ　ミヤツクリノリ　サダメヨト　オオモノヌシニ　ミコトノリ　モノヌシウケテ　ノリサタム（太占に　宮造り法　定めよと　オオモノヌシに　詔　モノヌシ受けて　法定む）」

「マヅソマオシテ　キオキルハ　キヤヱノヒヨシ　テオノソメ　ネシヱイシズヱ　ハシラタテ　ナカスミハシラ　ミナミムキ　キタヒガシニシメクリタツ　シマカラフカト　ナカスミニ　ヨリテサタムル　ムネアゲハ　ツアヱニイハヒ　アカコハキ　ソミカシハアメ　ヒトツキト　ヤカシハアモト　ムネニスヱ（先ず杣をして　木を切るは　甲辰の日良し　手斧初め　壬午礎　柱立て　中隅柱　南向き　北東西　巡り立つ　縞から賦課と　中隅に　拠りて定むる　棟上げは　丙子に祝い　赤子這い　十御柏天　一つ木と　八柏アモト　棟に据え）」

「中隅」の意味がわかりません。「赤子這い」も少し変です。「アモト」は「千木」のようですが、「八柏アモト」で「鞭懸をつけた千木」を意

味するのかも知れません。

　以上でホツマを伝える神社の参観記は終了です。古事記と日本書紀には神代として、架空の話が多く出てきます。天照大神の誕生やその御子の誕生の異常さや逸話の発生した地域の曖昧さなど、神代としないと説明がつかないことが多くあります。ホツマツタヱでは生身の人間の歴史が語られています。ホツマツタヱの私的な解釈を鋭意行っています。ご関心ある方はご期待下さい。

小島　敬和（こじま　たかかず）

防衛大学校名誉教授
東京大学理学博士
1944年4月27日生まれ

ホツマを伝える神社　本殿の建造様式

2020年5月24日　初版第1刷発行

著　　者　　小島敬和
発 行 者　　中田典昭
発 行 所　　東京図書出版
発行発売　　株式会社 リフレ出版
　　　　　　〒113-0021　東京都文京区本駒込3-10-4
　　　　　　電話 (03)3823-9171　FAX 0120-41-8080
印　　刷　　株式会社 ブレイン